Marco Thomas, Michael Weigend (Hrsg.)

Informatik für Kinder

7. Münsteraner Workshop zur Schulinformatik
20. Mai 2016 an der
Westfälischen Wilhelms-Universität Münster

Arbeitsbereich Didaktik der Informatik

Informatik für Kinder

7. Münsteraner Workshop zur Schulinformatik
20. Mai 2016 an der Westfälischen Wilhelms-Universität Münster

Herausgeber:
Prof. Dr. Marco Thomas, Dr. Michael Weigend
Westfälische Wilhelms-Universität Münster
Fachbereich Mathematik und Informatik
Institut für Didaktik der Mathematik und der Informatik
Fliednerstraße 21
48149 Münster
E-Mail: DDI@uni-muenster.de

© 2016 Arbeitsbereich Didaktik der Informatik, Universität Münster
Herstellung und Verlag: BoD - Books on Demand, Norderstedt
ISBN 978-3-84480-218-4

Vorwort

Praktisch von der Wiege an wachsen unsere Kinder mit Informatiksystemen in Form von digitalen Medien und digitalisiertem Spielzeug auf. Dieser Entwicklung wurde in England mit dem »National Curriculum: computing programmes of study«[1] Rechnung getragen, das Inhalte zu einer informatischen Bildung (Programmieren u. a.) sowie zu einer digitalen Medienkompetenz (z. B. kritisches Nutzerverhalten) umfasst. Osteuropäische Länder haben traditionell Informatik stärker im Schulkanon verankert (auch in frühen Jahrgangsstufen) als dies in westlichen Ländern der Fall ist. Doch auch im Westen (inkl. Übersee) existieren zahlreiche, diskussionswürdige Konzepte.

Politische Entscheidungsträger auf Bundes- und Länderebene haben diese Trends erkannt und erste Projekte für die Primarstufe gestartet, in denen auch informatische Konzepte berücksichtigt werden sollen. Sicherlich können Entwicklungen in anderen Ländern nicht vorbehaltlos auf das deutsche Bildungssystem übertragen werden, aber mit den Möglichkeiten, Chancen und Risiken muss eine Auseinandersetzung erfolgen. Nachdem für beide Sekundarstufen Empfehlungen zu Bildungsstandards der Gesellschaft für Informatik e. V. vorliegen und in Kernlehrpläne integriert wurden, scheint es konsequent zu sein, über Standards für die Primarstufe nachzudenken. Der diesjährige Münsteraner Workshop für Schulinformatik nähert sich von vielen Seiten der Frage, ob und wie im Schulunterricht junge Kinder mit informatischen Grundlagen der Digitaltechnik vertraut gemacht werden können.

Einen Schwerpunkt des Workshops bilden Berichte über praktische Erfahrungen mit Informatikunterricht in der Grundschule, darunter Projekte mit ScratchJr (Robert Garmann, Benjamin Wanous), Physical Computing (Andreas Flemming, Kerstin Strecker). Informatische Inhalte werden oft nicht in dezidiertem Informatikunterricht sondern im Zusammenhang mit Medienbildung vermittelt (Michael Weigend). Weitere Beiträge stellen kooperative Lernaktivitäten zur Informatik mit moderner Medientechnik (Multitouchdisplays) vor und vergleichen verschiedene Informatik-Einstiege miteinander: Hardware-orientiert, Software-orientiert oder unplugged (Nadine Bergner, Thiemo Leonhardt und Ulrik Schroeder). Ein wichtiger Bereich sind curriculare Ansätze zum Informatikunterricht im Primarbereich (Kathrin Haselmeier, Martin Fricke, Ludger Humbert, Dorothee Müller, Philipp Rumm) oder in den frühen Klassen einer weiterführenden Schule (Olga Reisenhauer, Hendrik Büdding).

Einige Beiträge sprechen grundlegende Aspekte an: Dieter Engbring fordert Evaluationskriterien für eine informatische Frühbildung. Nataša Grgurina, Bert Zwaneveld und Erik Barendsen stellen eine Studie zum „Computational Thinking" aus den Niederlanden vor. Relevante Hintergrundinformationen liefern Befragungen zu Form und Umfang von Informatikunterricht in verschiedenen Schulformen (Johanna Borsch, Marco Thomas und Angélica Yomayuza) und zum Bild der Informatik in der Schülerschaft sowie vermuteten Schülervorstellungen in der Lehrerschaft (Lars Hendrik Bodenstein, Christian Borowski und Ira Diethelm). Eine Facette bildet das Thema

---

[1] https://www.gov.uk/government/publications/national-curriculum-in-england-computing-programmes-of-study (04.05.2016)

„Lehrerfortbildung". Kensuke Akao beschreibt eine Studie für ein Blended-Learning-Konzept. Einen Einblick in konkrete Fortbildungsangebote in NRW bieten Nadine Bergner, Michaela Inden und Ulrik Schroeder.

Wir danken allen Autoren für Ihre Beiträge und wünschen einen angenehmen Workshop.

Münster im Mai 2016

Marco Thomas und Michael Weigend

Inhaltsverzeichnis

Zum Verhältnis von Informatik und Medienpädagogik

– Ein Konzept für digitale Bildung in der Wissensgesellschaft –

Eingeladener Vortrag

Stefan Aufenanger[1]
Jakob-Welder-Weg 12
55128 Mainz

---

[1] Johannes Gutenberg-Universität Mainz , Institut für Erziehungswissenschaften , aufenang@uni-mainz.de

„Alle Buchstaben aufstehen!" – spielerische Vermittlung informatischer Konzepte in der Medienerziehung

Michael Weigend[1]

Abstract: Im Rahmen des „NRW-Medienpass" erlernen Schülerinnen und Schüler in Nordrhein-Westfalen – neben anderen Aspekten – die Nutzung von Digitaltechnik zur Medienproduktion. Dieser Beitrag untersucht am Beispiel der Erstellung einer Präsentation, welche Grundkonzepte der Informatik beim kompetenten Umgang mit Präsentationssoftware (LibreOffice Impress) und Browser helfen können und wie man diese Konzepte spielerisch in einer „Medien-AG" vermitteln kann. Vorgeschlagen werden einige metaphorische Rollenspiele, in denen die Schüler/innen auf den informatischen Hintergrund alltäglicher Operationen (Datei speichern, Bilder kopieren, Schriftgröße ändern, etc.) aufmerksam gemacht werden.

Keywords: Medienerziehung, informatische Konzepte, Metapher.

1   Einleitung

Im Jahr 2010 wurde in Nordrhein-Westfalen der "Medienpass NRW" eingeführt, um die Medienkompetenz der Schülerinnen und Schüler zu verbessern. Der Medienpass ist eine Sammlung von 20 Kompetenzen aus fünf Bereichen [M14]:

1.   Digitaltechnik bedienen und anwenden,

2.   mit Hilfe von Digitaltechnik informieren und recherchieren,

3.   mit Digitaltechnik verantwortungsvoll kommunizieren und kooperieren,

4.   mit Digitaltechnik produzieren und präsentieren,

5.   das eigene Medienverhalten analysieren und reflektieren.

Gegenwärtig nehmen in NRW etwa 2000 Schulen am Medienpass teil. Die meisten sind Grundschulen. Die Teilnahme ist freiwillig, für die Umsetzung gibt es keinerlei Vorgaben. Sie wird von den Schulen individuell und sehr unterschiedlich vorgenommen. Medienbezogene Kompetenzen werden teilweise im Rahmen des regulären Fachunterrichts, teilweise aber auch in speziellen Unterrichtseinheiten entwickelt. Vom Medienpass gibt es Varianten für vier Altersstufen: Kindergarten, Grundschulen, Klasse 5 und 6, Klasse 7-10. Dieser Betrag konzentriert sich auf die dritte Stufe, Klasse 5 und 6. Wenn auch an einigen Stellen explizit technisches Hintergrundwissen angesprochen wird (beispielswei-

---

[1] Holzkamp Gesamtschule, Willy-Brandt-Str. 2, 58453 Witten, mw@creative-informatics.de

se umfasst Kompetenz 1.4 Grundkenntnisse zum Internet), so geht es im Medienpass doch vor allem um die verantwortungsvolle *Nutzung* digitaler Technik.

Dieser Beitrag untersucht am Beispiel der Erstellung einer Präsentation, welche Grundkonzepte der Informatik beim kompetenten Umgang mit Präsentationssoftware (LibreOffice Impress) und Browser helfen können und wie man diese Konzepte spielerisch in einer „Medien-AG" vermitteln kann.

2 Strukturwissen und Metaphorisierung

Ein besonderes Merkmal des Informatikunterrichts gegenüber einer reinen Bedienungsanleitung ist, dass man von Zeit zu Zeit von der praktischen Arbeit mit dem digitalen Werkzeug zurücktritt und reflektiert, was man gerade tut. Ziel der Reflektion ist der Erwerb strukturellen oder deklarativen Wissens *über* die Systeme mit denen man arbeitet. Dies wird nicht zwangsläufig bei der „intuitiven Nutzung" des Werkzeugs gelernt sondern bedarf zusätzlicher Anstrengungen, die sich aber schnell lohnen. Strukturelles Wissen ist u. a. erforderlich für die Kommunikation mit anderen (Begrifflichkeit), Aneignung neuer Techniken (z.B. durch das Lesen von Anleitungen) sowie das Finden und Vermeiden von Fehlern. Die Reflektion des eigenen Tuns ist kurzfristig eine Verlangsamung des Entwicklungsprozesses, eine Unterbrechung des Flows. Unter anderem folgende Dinge ändern sich:

- Die Kinder schlüpfen aus der Rolle des Ingenieurs, des Machers in die Rolle des Philosophen, der sich Gedanken macht ohne produktiv zu sein.

- An Stelle individueller Entwicklungsarbeit am Computer kommuniziert man in der Gruppe.

- Das Produkt (z.B. die Präsentation) tritt in den Hintergrund. An die Stelle der Vorfreude auf das Ergebnis müssen nun andere Motive (soziale Bedürfnisse, Freude an Bewegung etc.) treten.

Der Wechsel fällt nicht leicht und braucht etwas Zeit. Ein innerer Widerstand muss überwunden werden. Beispiele für reflektierende Aktivitäten im Informatikunterricht sind Concept Mapping (vgl. z.B. [W14]), Simulationen und Rollenspiele, die mit körperlicher Bewegung verbunden sind (vgl. z.B. [BWF98]) Bei solchen „unplugged" Aktivitäten werden oft Metaphern für informatische Konzepte verwendet. Ich verwende den Begriff Metapher im Sinne einer Strukturmetapher [LJ08], einer Übertragung von Wissen aus einem vertrauten, alltagsbezogenen Gebiet auf eine weniger vertraute Domäne. Metaphern werden traditionell im Schulunterricht zur Wissensvermittlung verwendet. Im elementaren Mathematikunterricht beispielsweise werden arithmetische Operationen durch Verschieben von Perlen o.ä. auf dem Tisch dargestellt („Arithmetics is collecting objects", [LN03]). In der Informatik kommt hinzu, dass Metaphern bewusst zur Entwicklung und Beschreibung von Software eingesetzt werden (Stapel, Schlange etc.). Der kognitionspsychologische Vorteil einer Metapher ist, dass sie als intuitives Modell dienen kann. Komplexe Zusammenhänge können in einer einzigen holistischen Idee zusammengefasst werden. Metaphorisierung – als eine Technik zur Beherrschung von Komplexität – ist eine Facette informatischer Denkweise („Computational Thinking").

3 Metaphorische Rollenspiele

In den folgenden Beispielen werden Routineoperationen am Computer nachgespielt. Es werden Aktivitäten simuliert, die im Zusammenhang mit der Erstellung einer Präsentation anfallen und die die Schüler durch Fragen. Beobachten, Ausprobieren oder mit Hilfe von Anleitungen gelernt haben. In den Übungen wird also kein neues prozedurales Wissen zur Computernutzung erworben, sondern es geht um Reflektion und die Aneignung Struktur-bezogener informatischer Konzepte (deklaratives Wissen).

3.1 Verzeichnisbaum und Dateimanagement

Eine Kompetenz, die im NRW-Medienpass erwähnt wird, ist die Kenntnis von Betriebssystemfunktionen. Eine wichtige Aufgabe des Betriebssystems ist das Dateimanagement. Bei Desktop-Computern bieten Dateimanager-Programme den Zugriff auf einen Verzeichnisbaum. Zu beachten ist, dass man bei der Nutzung mobiler Geräte (Handys, Tablets) oft keinen Verzeichnisbaum sieht. Daten gehören zu Applikationen und können an andere Applikationen gesendet (bzw. „geteilt") werden. Im Zusammenhang mit Medienpass-Projekten müssen die Schüler folgende Funktionen eines Desktop-Computers beherrschen, die mit dem Verzeichnisbaum zu tun haben: im Verzeichnisbaum navigieren, Dateien im Verzeichnisbaum finden, einen Projektordner anlegen, Daten (Bilder, Präsentationen) in einem Verzeichnis an einer bestimmten Stelle des Verzeichnisbaums speichern. Fachbegriffe im Zusammenhang mit der Navigation im Verzeichnisbaum sind: Pfad, Verlauf, im Verlauf der Navigation vorwärts und rückwärts gehen, im Baum (eine Hierarchieebene) höher gehen. Letzteres bedeutet auf dem Pfad zurück zu gehen (also sich der Wurzel nähern), was nicht das gleiche ist, wie im Verlauf zurückgehen. Die Begriffe Verzeichnis (directory) und Ordner (folder) bezeichnen eigentlich nicht genau dasselbe. Streng genommen bezieht sich „Ordner" auf einen Behälter (oder Ort) für Daten, während ein „Verzeichnis" nur eine Auflistung des Inhalts eines Ordners ist. In der Praxis werden meist beide Wörter synonym zur Bezeichnung des Behälterkonzeptes verwendet. Junge Computernutzer denken oft nicht darüber nach, wo sie ihre Daten speichern und haben oft Schwierigkeiten sie wieder zu finden.

Abb. 1: Im Dateimanager *PCManFM* von Hon Jen Yee (Bestandteil der Raspbian Distribution für den Raspbery Pi) wird der Begriff *Verzeichnisbaum* explizit verwendet.

In der folgenden Übung werden sie für diesen Punkt sensibilisiert. Benutzungsoberflächen von Dateimanagern unterstützen nur teilweise die oben skizzierte Begrifflichkeit. Die Wörter „Verzeichnis" und „Verzeichnisbaum" erscheinen gelegentlich, Pfad und Verlauf werden in den Navigationspfeilen (zurück, vorwärts und hoch) verwendet.

Ein Ausschnitt aus dem Verzeichnisbaum eines Desktop-Computers in einem Schulnetz wird mit Tischen (oder anderen Gegenständen) und Schnüren nachgebaut. Anschließend spielt man das Navigieren und das Einrichten eines Projektverzeichnisses durch. Das kann z. B. so ablaufen: Jeder Schüler repräsentiert ein Dateimanager-Fenster. Bei einem realen Computer kann es auch mehrere Dateimanager-Instanzen geben. Sie greifen aber alle auf ein und denselben Verzeichnisbaum zu. Genauso wie bei der Simulation im Klassenraum. Alles beginnt auf dem Desktop. Ein Tisch wird zum Desktop erklärt. Auf dem Tisch sind einige „Verzeichnis-Icons" aus Papier mit Kreppklebeband festgeklebt. Darunter das Icon „Dieser PC". Vom Verzeichnis-Icon führt eine Schnur zu einem Tisch, der (klein) an der Kante ein Schild „Dieser PC" trägt. Eine andere Schnur führt in gleicher Weise zu einem anderen Tisch. Ein kleiner Ausschnitt aus der Struktur wird vor der Stunde vorbereitet. Einen weiteren Teil konstruiert man mit den Schülern. Dann spielt man Aktivitäten durch, die die Schüler schon einmal am Computer gemacht haben:

- Einen Projektordner im eigenen Benutzerverzeichnis einrichten.

- Aus einem öffentlichen Ordner (Leserecht für alle) eine Datei kopieren und im eigenen Projektordner speichern.

- Mit wie vielen Klicks kann man im Verzeichnisbaum von A nach B navigieren?

Die Übung kann man im Computer-Labor machen. Noch schöner ist es im Sommer eigentlich draußen auf dem Schulhof oder im „grünen Klassenzimmer", wenn die Schule so etwas hat. An Stelle von Tischen nimmt man andere vorgefundene Gegenstände, die den Charakter von Containern bzw. Speicherorten haben (Klettergerüst, Tischtennisplatte, Treppe, Baumstumpf etc.).

3.2 Schreiben und Texte formatieren

Bei einer Präsentation schreibt man Texte nicht einfach auf die Folie sondern in Textfeldern. Wenn kein Textfeld auf der Folie ist, muss man es erst erzeugen. Texte kann man auf verschiedene Weise formatieren: a) Man markiert mit der Maus einen oder mehrere Buchstaben und weist ihnen neue Eigenschaften aus. b) Man wählt (durch Klick auf den Rahmen) das Textfeld aus und weist dann Eigenschaften allen Buchstaben innerhalb des Textfeldes die gewünschten Eigenschaften zu. „Heimtückisch" ist für Anfänger, dass Textfelder meist unsichtbar sind. Erst wenn man enthaltene Elemente anklickt, wird der Rahmen des Textfeldes als hellblaue Linie sichtbar (LibreOffice). Wenn man dann auf den Rahmen (Boundingbox) klickt, sieht man auch acht quadratische Markierungspunkte (Ecken, Eckpunkte).

In der Simulation kann die ganze Gruppe beschäftigt werden. Als Materialien benötigt man einige DIN A4 Blätter, auf denen jeweils ein Buchstabe des Alphabets abgebildet ist. Es gibt auch ein leeres Blatt für ein Leerzeichen. Acht Personen spielen die Markierungspunkte des Textfeldes (bei einer kleinen Gruppen nur vier Personen für die Eckpunkte), ein Schüler spielt den Mauszeiger, die übrigen Schüler sind Buchstaben. Auf einer großen, freien Fläche postieren sich die acht „Markierungspunkte" des Textfeldes. Die anderen Schüler suchen sich gemeinsam geeignete Buchstabenkarten und stellen sich in das Textfeld, um ein oder zwei Worte zu bilden. Mit diesem Arrangement kann man verschiedene Aktionen durchspielen. Dabei werden Teile der Visualisierung ad hoc während der Simulation mit den Schülern entwickelt. Falls nicht schon die Kursteilnehmer spontane Vorschläge machen, kann die Lehrperson zwischendurch die Frage aufwerfen „Wie kann man das visualisieren?". Hier sind einige Beispiele:

- Das Textfeld auswählen: Der Rahmen des Textfeldes ist normalerweise unsichtbar. Das kann man dadurch darstellen, dass die „Markierungspunkte" in die Hocke gehen. Das Textfeld wird in zwei Schritten ausgewählt. Zuerst „klickt" der „Mauszeiger" auf einen „Buchstaben". Jetzt wird der Rahmen sichtbar, aber man sieht noch nicht die Markierungspunkte. Wie kann man das visualisieren? Die „Markierungspunkte" könnten die Arme ausstrecken um die Linie anzudeuten. Der „Mauszeiger" „klickt" auf einen „Markierungspunkt". Alle „Markierungspunkte" stehen auf und „werden sichtbar". Das Textfeld ist ausgewählt.

- Das Textfeld verschieben: Das Textfeld wird ausgewählt, d.h. die „Markierungspunkte" stehen. Der Mauszeiger bewegt sich zwischen zwei „Markierungspunkte". Wenn man jetzt links klickt, hat der Mauszeiger die Form eines Doppelpfeilkreuzes. Wie kann man das visualisieren? Der „Mauszeiger" könnte z.B. die Arme verschränken. In diesem Zustand kann das Textfeld verschoben werden. Wenn der „Mauszeiger" sich bewegt, folgen alle anderen Akteure, so dass das Textfeld durch den Raum wandert.

- Textfeld formatieren: Die „Buchstaben" stehen. Das soll eine Buchstabengröße von 20pt darstellen. Nun soll die gesamte Schrift (nicht nur einzelne Buchstaben) kleiner werden, z.B. 10pt. Wie kann man das visualisieren? Die „Buchstaben" könnten in die Hocke gehen und dicht zusammen rücken. Kursive Schrift wird durch schräge Körperhaltung oder geneigten Kopf (in Leserichtung), fette Schrift durch aufgeblasene Backen dargestellt. Wie ist der Ablauf einer Formatierung? Das Textfeld wird ausgewählt, die „Markierungspunkte" stehen. Der Mauszeiger sagt ganz leise einem „Markierungspunkt" die neue Schriftgröße oder Schriftart. Der sagt dann laut den „Buchstaben", was zu tun ist.

- Eine einzelne Textstelle formatieren: Der „Mauszeiger" berührt einen „Buchstaben" und wird dadurch zu einem Text-Cursor, der aussieht wie ein Strich. (Der Rollenspieler kann sich selbst eine Visualisierung für diesen Zustand überlegen.) Sie oder er berührt nun einige Buchstaben (z.B. das erste Wort) und wählt sie dadurch aus. Wie kann man den Zustand „ausgewählt" visualisieren? Zum Beispiel könnten die ausgewählten „Buchstaben" zittern (vibrieren). Dann sagt der „Mauszeiger" laut, was die ausgewählten Buchstaben tun sollen (z.B. „Werdet fett")

3.3   Datentransfer und Kontextmenüs

In eine Präsentation soll ein Bild aus dem Internet eingefügt werden. Wie das geht, kann mit einer kleinen Geschichte veranschaulicht werden. Wir verwenden als Metapher einen Einkauf. Ein Schüler oder eine Schülerin spielt eine Person (sagen wir sie heißt Tina), die an einer Präsentation arbeitet. Die Lehrperson erzählt eine Geschichte und die Schauspielerin folgt den enthaltenen Handlungsanweisungen. Manchmal gibt es Zwischenfragen an das Publikum und man überlegt gemeinsam wie es weitergeht. Die Geschichte beginnt so:

Tina arbeitet an einer Präsentation über Pferde. (Der Tisch stellt eine Folie der Präsentation dar.) Auf der Folie sind schon einige Elemente, eine Überschrift und ein Textfeld (L. legt ein Schulbuch als Überschrift und ein Klassenbuch als Textfeld auf den Tisch). Nun sucht Tina im World Wide Web nach Bildern. Das ist ähnlich wie Shoppen gehen. Sie besucht verschiedene Webseiten so wie man verschiedene Geschäfte besucht. (Auf einem Tisch liegen einige Bilder.)Tina findet ein Bild, das ihr gefällt und drückt die rechte Maustaste. Was passiert? Es erscheint ein Kontextmenü. (L. hält eine große Karte mit Anweisungen des passenden Kontextmenüs hoch.) Welchen Befehl wählt Tina? (Sie klickt auf Bild kopieren.) Das ist so als ob man eine Kopie des Bildes in die Einkaufstasche steckt. (L. gibt der Schülerin eine Tasche und sie steckt das Bild ein.) Dann geht sie zurück zu ihrer Präsentation. Wie kann sie das Bild einfügen?

Im weiteren Verlauf werden folgende Punkte diskutiert und szenisch dargestellt: Der Zielort, an dem das Bild abgelegt werden soll ist nicht beliebig. Zum Beispiel darf ein Bild nicht in ein Textfeld (repräsentiert durch das Klassenbuch) gelegt werden. Man sieht dann nur den Link und nicht das Bild. Auf der Folie des Präsentationsprogramms (Tisch in der Mitte) sind im Kontextmenü andere Befehle verfügbar als im Browserfernster.(anderer Tisch). Am Ende der kleinen Simulation, die nur wenige Minuten dauert, diskutiert man, was das Einfügen von Bildern vom richtigen Einkaufen unterscheidet: Beim Einfügen von Bildern nimmt man immer nur Kopien und man kann immer nur ein einziges Bild im Zwischenspeicher (Tasche) lagern.

3.4   Animationen

Mit Präsentationssoftware kann man eine Vielfalt von Animationen definieren. Wir beschränken uns hier auf den Standardfall, dass die animierten Elemente – eins nach dem anderen, z.B. nach Mausklicks – auf der Folie erscheinen. Die Animation einer Folie besteht aus zwei Teilen:

- Eine Reihenfolge, in der die Elemente erscheinen. Die Reihenfolge ist auch sichtbar. Man sieht Bezeichnungen der Elemente in einer Reihenfolge.

- Für jedes animierte Element der Folie ist ein Animationstyp festgelegt (z.B. einfaches Erscheinen oder Einfliegen).

Eine kognitive Herausforderung ist die Tatsache, dass ein und dasselbe Objekt in mehreren Sequenzen vertreten sein kann: einer Sichtbarkeitsreihenfolge (hinten, vorne) und einer Animationsreihenfolge (früher, später). Wir simulieren die Animation einer Folie wie in Abbildung 2. Zu Beginn sieht man die Überschrift, dann fliegt das Pferd ein, dann die Sprechblase.

Abb. 2: Folie mit zwei animierten Elementen.

Für die Simulation brauchen wir drei Akteure: Der Animationsmanager ist verantwortlich für die Animationsreihenfolge, ein Schüler übernimmt das Pferd, ein weiterer die Sprechblase. Sie halten Bilder mit einem Pferd bzw. einer Sprechblase in der Hand. An der Tafel steht die (nicht animierte) Überschrift. In der Gruppe überlegt man sich Animationstypen („Von links ins Bild gehen", von rechts ins Bild hüpfen" „ins Bild tanzen" etc.) und schreibt sie auf Karten. Der Animationsmanager schreibt die Elemente (Pferd, Sprechblase) untereinander an die Tafel. „Pferd" und „Sprechblase" ziehen eine Karte mit einem Animationstyp. Sie begeben sich auf die Startplätze. Die Simulation beginnt. Unter der Regie des Animationsmanagers bewegen sich die Akteure (im Stil des zufällig gezogenen Animationstyps) auf die Bühne, die eine Folie einer Präsentation darstellt.

4   Zusammenfassung

Die Beispiele illustrieren, welche Lerneffekte sich mit einer metaphorischen Simulation erzielen lassen:

- Nuancen der Benutzungsoberfläche werden ins Bewusstsein gerufen (Form des Mauszeigers, Zustände interaktiver Elemente wie die Ecken einer Bounding Box)

- Die Grenzen von metaphorischen Modellen werden verdeutlicht und Fehlvorstellungen aufgedeckt.

- Implizite d.h. nicht unmittelbar sichtbare informatische Konzepte (z.B. Verzeichnisbaum, Eigenschaften von Objekten) werden expliziert.

Bei der praktischen Umsetzung reflektierender Unterrichtsphasen mit metaphorischen Simulationen sind vor allem drei Punkte zu beachten:

- Während eines Medienprojekts sitzen die Schüler meist allein am Computer und arbeiten individuell. Interaktion mit anderen (auch der Lehrperson) passiert nur dann, wenn es ein Problem gibt, das die Entwicklung des Produkt behindert. Mit einer Reflektion wird der Flow unterbrochen. Das „Umschalten" fällt nicht leicht. Am einfachsten ist es deshalb, wenn eine Übung dieser Art an „Eckpunkten" etwa zu Beginn oder am Ende des Unterrichts oder vor einer Pause durchgeführt wird.

- Übungen zur Reflektion von Digitaltechnik sind keine Selbstläufer. Sie bedürfen einer erfahrenen Lehrperson, die über den theoretischen Hintergrund verfügt. Denn der Reiz liegt darin und ad hoc Metaphern erfunden und Unterschiede zwischen Modell und Realität diskutiert werden.

- Die Aktivität muss so gestaltet sein, dass sie zumindest für zehn Minuten Spaß macht. Sie kann ihren Reiz aus interessanten Metaphern, der Freude an Bewegung und dem sozialen Bedürfnis nach gemeinsamem Tun mit Gleichaltrigen entwickeln. Man kann bei jungen Kindern nicht unbedingt ein intellektuelles Bedürfnis nach vertieftem Verständnis informatischer Konzepte voraussetzen.

Literaturverzeichnis

[BWF98] Bell, Timothy C., Ian H. Witten, and Mike Fellows. Computer Science Unplugged: Off-line activities and games for all ages. Computer Science Unplugged, 1998.

[LJ08] Lakoff, George ., & Johnson, M. : Metaphors we live by. University of Chicago press 2008.

[LN03] Lakoff, George, and Rafael Núñez. "Where mathematics comes from." Santa Fe Institute, 2003.

[M14] Medienberatung NRW (Hrsg.): Leitfaden zum Medienpass NRW. Düsseldorf/Münster 2014. Online verfügbar unter: http://www.lehrplankompass.nrw.de/Medienberatung-NRW/Publikationen/Leitfaden_Medeinpass_Final.pdf (24.04.2016)

[W14] Weigend, Michael: A Formula is an Orange Juice Squeezer -Understanding Spreadsheet Calculation Through Metaphors. Informatics in Schools. Teaching and Learning Perspectives - 7th International Conference on Informatics in Schools: Situation, Evolution, and Perspectives, ISSEP 2014, Istanbul, Turkey, September 22-25, 2014.

Aller Anfang ist schwer – Einstieg in die Informatik

Olga Reisenhauer[1]

Abstract: Viele Schulen bieten in der Sekundarstufe I das Fach Informatik an. Inhaltlich geht es meistens um die Vermittlung von Anwenderwissen für die Nutzung bekannter Software-programme. Die Sekundarschule Wadersloh hat sich für ein anders Konzept entschieden. Schon ab der Jahrgangstufe 5 will sie zum Aufbau des exakten informations-technischen Denkens anregen, indem sie von Beginn an dem Prinzip der Wissenschaftsorientierung Rechnung trägt. Dafür wurde ein geeigneter didaktischer Grundriss entwickelt. Im folgenden Beitrag werden Beispiele genannt, wie diesen Ansprüchen kindes- bzw. altersgerecht entsprochen werden kann.

Keywords: Unterstufe; informatische Bildung; Unterrichtsbeispiele.

1   Aller Anfang ist schwer – Einstieg in die Informatik

Bei der Gründung der Sekundarschule Wadersloh im Jahre 2013 wurde entschieden, das Fach Informatik ab Jahrgangstufe 7 als Wahlpflichtfach anzubieten. Aufgrund einer mangelhaften Vorstellung vieler Schülerinnen und Schüler von dem Fach wurde ein Konzept erarbeitet, mit dessen Umsetzung mehrere Ziele verfolgt wurden. In erster Linie möchte man das exakte informations-technische Denken bei Kindern anregen. Ein anderer Gedanke war, den Schülerinnen und Schülern die Möglichkeit zu geben, dieses zukünftige Fach näher kennenzulernen, um später eine bewusste Entscheidung bei der Wahl des Faches treffen zu können.

Die Umsetzung des Konzeptes geschieht in zwei Phasen:

- Jahrgangstufe 5 im Rahmen des VA (Vertiefendes Arbeiten) ,
- Jahrgangstufe 6 im Rahmen des Profilkurses.

In diesem Vortrag möchte ich einen didaktischen Grundriss für die Jahrgangstufe 5 vorstellen. Dieser Grundriss beinhaltet sowohl didaktische als auch methodische Überlegungen und Umsetzungsmöglichkeiten im gegebenen Rahmen.

2   Didaktische Umsetzung

Das Unterrichten des Faches in der Jahrgangstufe 5 an der Sekundarschule Wadersloh findet im Rahmen eines Vertiefenden Arbeitens (VA) statt. Die Klassen werden in

---

[1] Sekundarschule Wadersloh, Schulkamp 10, 59329 Wadersloh, vitolja@gmx.de

Gruppen unterteilt, sodass jede Gruppe (12-13 Schüler) für ca. 7-8 Wochen den Kurs besucht. Der Unterricht wird immer als Doppelstunde erteilt und ist nicht lehrplangebunden, da es zurzeit keinen Kernlehrplan in der Sekundarstufe I für die 5. und 6. Jahrgangsstufe gibt. Als Grundlage für einen geeigneten internen Lehrplan können die „Grundsätze und Standards für die Informatik in der Schule" genommen werden, welche im Jahr 2008 von Gesellschaft für Informatik (GI) e.V. veröffentlicht wurden. Einige Elemente dieser Grundsätze wurden auch in unserem internen Kernlehrplan berücksichtigt.

Nun stellt sich natürlich die Frage, welche Inhalte in so einem Kurs vorkommen sollten und wie tief man in der sachlichen Strukturierung geht. Oder ob nur die Vermittlung von Nutzerkenntnissen reicht, um sicher und bewusst mit dieser Technik umgehen zu können. Die Antworten auf diese Fragen gibt uns unsere Realität selbst. Unser Alltag ist von digitaler Technik geprägt, die jüngere Generation kennt sich mit der Technik besser aus als manche Eltern oder Großeltern. Die Schule leistet auch ihren Beitrag zur Medienerziehung. Man findet zurzeit an einigen Schulen relativ gute Ausstattungen an Multimedia wie z. B. Smartboard mit Internetzugang, ein oder zwei Computerräume etc. In einigen Fächern nutzen Lehrer die technische Seite eines Computers gezielt, bei welchen erwartet wird, dass Schüler die entsprechenden Kenntnisse und Fertigkeiten mitbringen und anwenden. Genau an dieser Stelle entscheidet sich, ob Informatikunterricht zur Vermittlung solcher Kenntnissen dient oder ob wir weiter gehen und Informatikunterricht als Grundlage für eine informatische Bildung anbieten.

In unserem Konzept haben wir uns für die informatische Bildung entschieden. In Grundsätzen und Standards für die Informatik in der Schule findet man den folgenden Satz: „Das übergeordnete Ziel informatischer Bildung in Schulen ist es, Schülerinnen und Schüler bestmöglich auf ein Leben in einer Informationsgesellschaft vorzubereiten, das maßgeblich durch den verbreiteten Einsatz von Informations- und Kommunikationstechnologien sowohl im privaten als auch im beruflichen Bereich geprägt ist. "[2] Viele Faktoren sprechen dafür, dass eine reine Medienerziehung nicht ausreichend ist, um den Schülerinnen und Schülern entsprechende Kompetenzen und Fähigkeiten zu vermitteln. P. Hubwieser betont in seinem Buch „Didaktik der Informatik", dass „[…] die Schüler nur die äußeren Strukturen der Programmoberflächen sehen, die eigentlichen interessanteren inneren Konzeptionen wie Datenstrukturen und Problemlösungsstil bleiben ihnen verborgen, was sie in der Entwicklung ihrer Kritik- und Abstrahierungsfähigkeit stark einschränkt." Seiner Meinung nach, sollte „[…] eine intellektuelle Tiefe nicht fehlen[…]" [Hu07], die einen systematischen Informatikunterricht auszeichnet.

---

[2] Vgl. Grundsätze und Standards für die Informatik in der Schule: Bildungsstandards Informatik für die
   Sekundarstufe I. Beilage zu LOG IN, 28 JG. (2008), Heft Nr. 150/151. S.11.

An dieser Stelle stellt sich die Frage, ob 10- bis 11-jährige Kinder die Fähigkeit besitzen die abstrakten Inhalte des Faches zu verstehen und umzusetzen. In diesem Alter entwickeln Kinder zunehmend ihre kognitiven Fähigkeiten, darunter auch das abstrakte Denken. Dabei verbessern sich auch die Informationsaufnahme und ihre Verarbeitung. Dies führt auch dazu, dass die Heranwachsenden ein formal-operationales Denken [Wi16] entwickeln. Diese Form von Denken ermöglicht den Schülern, die Wirklichkeit unter bestimmten Umständen nachzuahmen und darzustellen.

All diese Überlegungen führen dazu, dass der Informatikunterricht in seiner wissenschaftlichen Form schon ab Jahrgangstufe 5 angeboten und durchgeführt werden kann.

Die Realität sieht leider anders aus: die meisten Schulen der Sekundarstufe I in NRW beschränken sich auf den Informatikunterricht in Form der ITG (informationstechnischer Grundbildung), anders gesagt: Nutzer-Fähigkeiten werden vermittelt.

Genau wie M. Fothe in seinem Buch „Kunterbunte Schulinformatik" [Fo10] vorschlägt, wurden bei der Erarbeitung sowohl unseres Konzeptes als auch des internen Kernlehrplans die folgenden Grundsätze des Unterrichtens berücksichtigt:

- Altersgemäßheit beachten,

- Inhalte vernetzen,

- mit Unterschieden klug umgehen und

- methodische Vielfalt anstreben.

Den Punkt „methodische Vielfalt anstreben" möchte ich später in Bezug auf die methodischen Umsetzungsmöglichkeiten erläutern.

Die Bildungsstandards beschreiben die inhalts- und prozessbezogenen Kompetenzen, die die Schülerinnen und Schüler am Ende der Jahrgangstufe 7 erreichen sollen. Die spiralcurriculare Bildung erweist sich als hilfreiche Umsetzung für das Erreichen dieser Kompetenzen, was auch den Grundsatz „Altersgemäßheit beachten" unterstützt. In diesem Sinne ist eine didaktische Reduktion, nach der die Inhalte vereinfacht werden, von Bedeutung. Als Beispiel könnte man das EVA-Prinzip nehmen: in der Jahrgangstufe 5 werden die Geräte, die an einem Rechner angeschlossen sind, einfach in Eingabe- und Ausgabegeräte unterteilt; in der Jahrgangstufe 6 werden die Alltagsgegenstände nach diesem Prinzip untersucht; in der Jahrgangstufe 7 wird die Architektur des Rechners nach diesem Prinzip präziser erläutert.

In der Tat ist es so, dass der Informatikunterricht im Grunde fast alle Fächer miteinander vernetzt. Wenn man sich über das Thema „Übertragung der Informationen" unterhält, greift man zum Beispiel auf die Eroberung Trojas zurück. Der Sage nach wurden zur Übermittlung der Nachricht vom Sieg Feuerzeichen genutzt. Wird im Unterricht ein Baumdiagramm erstellt, welches die Unterteilung der Tiere der Erde darstellt, sind dann wiederum Kenntnisse der Biologie von Bedeutung. In diesen Fällen sind die Schülerinnen und Schüler in einer Situation, in welcher sie diese Vernetzung aufbauen und die Vielfältigkeit des Faches feststellen.

In Jahrgangstufe 5 sind die Unterschiede von Vorkenntnissen der Schülerinnen und Schüler in Bezug auf die technischen Kompetenzen mit dem Umgang mit einem Computer sehr unterschiedlich: von einem sicheren Umgang bis zu kaum vorhandenen Fertigkeiten, einen Computer zu bedienen. Jedoch werden diese Unterschiede schnell ausgeglichen, da Kinder in diesem Alter relativ schnell lernen, mit dieser Technik umzugehen. Zudem finden auch ein Austausch und eine gegenseitige Unterstützung zwischen den Schülern während des Informatikunterrichts statt.

3   Methodische Umsetzung

Dieser Grundriss wurde während meines Vorbereitungsdienstes an der Sekundarschule Wadersloh mit der Unterstützung von Herrn Dr. Bonna entwickelt. Seine Umsetzung und Verbesserung findet regelmäßig in einem regulären Unterricht statt, sodass das Konzept seine endgültige Form noch nicht erreicht hat. Es sind keine Unterrichtsreihen, sondern kurze Unterrichtssequenzen, die ineinander übergehen.

Zuerst stand die Frage nach den Inhalten dieser Sequenzen. Um diese Frage zu beantworten, habe ich nach Informationen und Inspirationen im Internet gesucht. Ich wurde dann auf einer Plattform des russischen Verlages „Binom" fündig. Auf dieser Plattform bietet der Verlag reichlich Materialien und Aufgaben für das Unterrichten des Faches für russische Lehrerinnen und Lehrer an. Die Bücher der Informatiklehrerin und Autorin Frau Ljudmila Bosowa haben mich beeindruckt und inspiriert. Diese Bücher stellen eine Reihe der Lernwerke dar, die für die Jahrgangstufe 5 bis 9 für das Unterrichten der Informatik in Russland eingesetzt werden. Ich habe einige Elemente und Inhalte auch für meinen Unterricht übernommen. Besonders die Strukturierung und die Reihenfolge der Themen haben mir geholfen, unser Konzept zu entwickeln.

Die Inhalte dieses Konzeptes könnte man in zwei Inhaltsbereiche unterteilen:

- Information und Daten
- Informatiksysteme

Der Verlauf des Kurses in Form einer Tabelle:

Reihe der Stunden	Thema / Didaktischer Schwerpunkt
1-2 Stunde	**Einstiegsstunde: Informatik und weiter.** Die Schülerinnen und Schüler entdecken die Bedeutung des Wortes Information, indem sie die Kommunikationsmöglichkeiten untersuchen und die Quellen der Informationen nennen.
3-4 Stunde	**Kommunikation ist alles.** Die Schülerinnen und Schüler analysieren die verschiedenen Darstellungsformen einer Information, indem sie diese Formen miteinander vergleichen.
5-6 Stunde	**Gleiche Inhalte-verschiedene Darstellung.** Die Schülerinnen und Schüler nennen einige Beispiele der Codierung der Informationen, indem sie diese Codierung mithilfe einer realitätsbezogenen Aufgabe kennenlernen.
7-8 Stunde	**Geht es auch schneller?** Die Schülerinnen und Schüler simulieren eine Datenstruktur, indem sie eine Buchstabenverteilung des Morse-Codes analysieren und darstellen.
9-10 Stunde	**Andere Art von Bäumen.** Die Schülerinnen und Schüler lernen ein Baumdiagramm kennen, indem sie ihren Stammbaum untersuchen und zeichnen.
11-12 Stunde	**Ordnung macht alles.** Die Schülerinnen und Schüler simulieren einen Verzeichnisbaum, indem sie die Elemente nach bestimmten Kriterien sortieren und einordnen.
13-14 Stunde	**Mensch und Computer: sind wir gleich?** Die Schülerinnen und Schüler vergleichen einen Rechner und seine Funktionsweise mit einem Menschen, indem sie die Bauteile des Rechners untersuchen und sie nach der Funktionsweise unterteilen.
15-16 Stunde	**EVA ist nicht nur eine Frau.** Die Schülerinnen und Schüler erkennen die drei Schritte des EVA-Prinzips im Alltag, indem sie einige Alltagsgegenstände nach diesem Prinzip analysieren, beschreiben und darstellen.

Tab. 1: Stundenverlauf

Im Folgenden möchte ich den Verlauf einiger Unterrichtsstunden ausführlicher erläutern. Von der Struktur her haben meine Informatikstunden den gleichen Stundenablauf wie in anderen Fächern auch. Für das Einstimmen auf den Unterricht lösen die Schülerinnen und Schüler eine Denkaufgabe, die in Form einer Geschichte oder eines Rätsels dargestellt wird. Der Vorteil solcher Aufgaben ist ihr Aufbau, die das logische Denken der Schülerinnen und Schüler aktiviert und trainiert. Das Lösen der Aufgaben geschieht in einem Plenum, wo die Schülerinnen und Schüler ihre Gedanken austauschen und gemeinsam eine Lösung finden. Inhaltlich sind die Aufgaben passend zum Thema gewählt. Auch ein entsprechendes Bild zum Thema der Unterrichtsstunde kann einen

Übergang zum Inhalt dieser Stunde schaffen. Auf jeden Fall ist es wichtig, mit solchen Einstiegen das Interesse der Lernenden für den Lehrstoff zu wecken. Nicht nur die gemeinsamen Gespräche sind Hauptelement dieser Phase, auch Partner- oder Gruppenarbeit können die gewünschten Ergebnisse erzeugen.

In der Erarbeitungsphase beschäftigen sich die Lernenden mit dem Lösen einer Aufgabe, die als Kern der Unterrichtsstunde angesehen wird. In meisten Fällen bediene ich mich aus den Aufgabensammlungen des Wettbewerbs „Informatik-Biber".

An dieser Stelle möchte ich ein Beispiel zum Thema „Codierung einer Information" vorstellen:
Wir befinden uns im 18. Jahrhundert. Popeye der Seemann hat auf einer karibischen Insel eine Schatzkiste gefunden und möchte nun seine Freunde auf dem Festland benachrichtigen. Sobald Popeye Spinat gegessen hat, ist er bekanntlich sehr stark und kann auf dem Meer unterschiedliche Wellen erzeugen. Seine Freunde wissen, was die folgenden Wellen zu bedeuten haben:

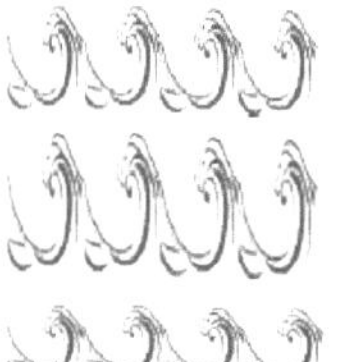

Ich habe den Schatz gefunden.

Ich warte auf der Insel.

Beeilt euch.

Popeye isst eine Dose Spinat und schickt seinen Freunden eine Nachricht, indem er diese Wellen erzeugt:

Was bedeutet diese Nachricht?
A) Ich habe den Schatz gefunden. Ich warte auf der Insel. Beeilt euch.
B) Beeilt euch. Beeilt euch. Ich habe den Schatz gefunden. Ich warte auf der Insel.
C) Beeilt euch. Ich habe den Schatz gefunden. Ich warte auf der Insel.
D) Ich warte auf der Insel. Beeilt euch.

Beim Lösen dieser Aufgabe haben die Lernenden herausgefunden, dass Nachrichten nicht nur mit Buchstaben dargestellt werden können. Anhand dieses Beispiels wurden andere Möglichkeiten genannt und untersucht. Dabei lag der Schwerpunkt der Unterrichtsstunde darauf, dass wir auch anders miteinander kommunizieren können. Als Kernaufgabe dieser Stunde haben die Schülerinnen und Schüler „geheime Nachrichten" mithilfe des Morse-Codes verschlüsselt und gegenseitig die Nachrichten entschlüsselt. In dieser Unterrichtsstunde haben die Schülerinnen und Schüler nicht nur neue Begriffe wie z.B. „Verschlüsseln, Entschlüsseln" oder „Codierung" gelernt, sie haben auch den Prozess der Codierung imitiert und durchgeführt. Diese Form der Unterrichtsdurchführung unterstützt eine Idee der Darbietung des Lernstoffes, die schon M. Thomas in seiner Arbeit aus dem Jahre 2003 ausführlich dargestellt hat. „In der Darbietung des Lernstoffes sollen also inhaltliche Unterteilungen, Teilschritte, Abhängigkeiten und Abstraktionen ersichtlich werden, die dem Lernenden die Aufnahme Grundsätze der methodischen Gestaltung erleichtern. Nach Kopp (1970) gibt es drei mögliche Arten von ‚innerem Gefüge' des Lehrstoffs:

- das logische Beziehungsgefüge. Hier handelt es sich um kausale Abhängigkeiten, Gedankenketten, Funktionszusammenhänge,

- die erlebnisgebundene Ganzheit. Dabei wird ein konkretes Bezugssystem betrachtet, das mit den Sinnen erfasst wird,

- das zweckgerichtete Beziehungsgefüge." [Th03]

Eine besondere Rolle spielt im Informatikunterricht die Begriffsbildung. In diesem Fach werden Wörter benutzt, die für die meisten Schülerinnen und Schüler fremd sind. Aus diesem Grunde sollte man keine Angst haben, solche Worte in den Sprachgebrauch zu integrieren. Je früher die Schülerinnen und Schüler lernen diese Worte zu nutzen, desto schneller wird das Vertrauen zu diesem Fach aufgebaut. Als Beispiel für so eine Begriffsbildung könnte das Einfügen vom Begriff „Baumstruktur" sein. Ein Teil dieses Kurses ist das Thema „Hierarchische Informationsstrukturen". Die Notwendigkeit dieses Themas liegt daran, dass die Schülerinnen und Schüler während des Kurses eigene Dateien erzeugen und sie irgendwo abspeichern müssen. Das Speichern geschieht zuerst sehr chaotisch. Um eine sinnvolle Dateiverwaltung zu schaffen, sollten die Lernenden bewusst mit der Ordnerstruktur umgehen. Dabei eignet sich für das Verständnis solcher Hierarchien ein Familienstammbaum. Die Lernenden erstellen ihren eigenen Stammbaum und lösen dazu die Aufgaben, die ihnen helfen, in solchen Strukturen zu navigieren. Im Nachhinein werden die Begriffe wie „Knoten", „Wurzel" und „Kanten" eingefügt. Um diese Begriffe besser zu verstehen, lösen die Schülerinnen und Schüler verschiedene Aufgaben. Als Beispiel ist die folgende Aufgabe gedacht: Sortiere die Tiere nach bestimmten Kriterien. Die Kriterien werden von den Lernenden selbst ausgewählt. Daraus entstehen verschiedene Diagramme, die in ihrer Struktur an das Ordneraufbau in jedem Rechner erinnern. Dann geht man weiter und bietet eine nächste Aufgabe, bei deren Lösen die Lernenden schon bewusst eine Baumstruktur einsetzen.

Parallel zu theoretischen Grundlagen, die in jeder Unterrichtsstunde erarbeitet werden, sollte man auch die technische Seite des Faches nicht vergessen. Dabei ist hier der Computer als ein Werkzeug zum Lernen und Beschaffen von Information zu betrachten. In unserem Konzept hat jede Unterrichtsstunde ihre technische Umsetzung. In dieser Phase erarbeiten die Schülerinnen und Schüler eine Aufgabe am Computer, die eng mit der Kernaufgabe verbunden ist. Die Lernenden erweitern ihre Fertigkeiten und

Kenntnisse in Bezug auf den Umgang mit dem Computer. Diese Phase trägt auch die spaßige Seite des Lernens und wirkt motivierend auf die Lernenden.

Zum Schluss möchte ich noch mal erwähnen, dass unser Konzept nur ein Grundriss darstellt und seine endgültige Form noch nicht erreicht hat.

Literaturverzeichnis

[Gr08]   Grundsätze und Standards für die Informatik in der Schule: Bildungsstandards Informatik für die Sekundarstufe I. Beilage zu LOG IN, 28 JG. (2008), Heft Nr. 150/151.

[Fo10]   Fothe, M.: Kunterbunte Schulinformatik. Ideen für einen kompetenzorientierten Unterricht in den Sekundarstufen I und II. LOG IN Verlag, Berlin, 2010.

[Hu07]   Hubwieser, P.: Didaktik der Informatik. Grundlagen, Konzepte, Beispiele. Springer-Verlag Berlin, 3., überarbeitete und erweiterte Auflage. Heidelberg, 2007.

[Th03]   Thomas, M.: Didaktische und methodische Gesichtspunkte zur Legitimation und Gestaltung von Lehr-/Lernsequenzen zur Informatik und zum Informatikunterricht. (Pro)Seminar an der Universität Potsdam im Wintersemester. 2003.

[Wi16]   Wissen.de.,www.wissen.de/piagetpiaget-und-seine-stadientheorie-zur-kognitiven-entwicklung/page/0/8, Stand: 13.04.2016.

Informatik schon für die Kleinen!?

Einige Anmerkungen zur Evaluation von entsprechenden Projekten

Dieter Engbring[1]

Abstract: In diesem Aufsatz werden auf der Grundlage von Befunden aus der Praxis Evaluationskriterien für einen möglichst früh einsetzenden Informatikunterricht entwickelt. Dabei wird die Machbarkeit erörtert. Zugleich wird die Frage nach der Notwendigkeit ausklammert, da sich diese empirisch nicht beantworten lässt. Die zweifelsohne vorhandenen Herausforderungen bei der Umsetzung von Informatikunterricht auch für sehr junge Schülerinnen und Schüler werden in diesem Aufsatz in den Blick genommen.

1   Einleitung

Einigermaßen überraschend scheint sich gerade eine Tür zu öffnen, Informatik nicht nur als Pflichtfach für alle in der Sekundarstufe I zu verankern sondern möglicherweise bereits in der Primarstufe. Zumindest gibt es derzeit eine Reihe von Pilotprojekten, in denen vor allem in der Primarstufe Informatik erprobt werden soll. Diese Projekte werden gespeist aus Überlegungen zur Notwendigkeit und zu den Möglichkeiten informatischer Bildung, die schon seit geraumer Zeit auf dem Tisch liegen.

Auch außerhalb der Informatik wird dieses im Prinzip derzeit begrüßt, ohne dass man sich aber bereits über Inhalte oder gar zu erreichende Kompetenzen verständigt hätte. Es steht zu erwarten, dass die Auseinandersetzung darüber wie auch über die Auswertung der Pilotprojekte den gerade (nur) oberflächlich vorhandenen (?) Konsens zum Beispiel von Informatikern und Medienpädagogen wieder schwinden lässt. In dieser Auseinandersetzung werden dann Fragen der Notwendigkeit mit solchen der Vermittelbarkeit vermischt werden. Diese Vermischung steht allerdings einer sachgerechten Diskussion im Wege.

In diesem Aufsatz wird zunächst ausgeführt, wo die Trennlinie dieser beiden Untersuchungsaspekte verläuft. Danach wird nur kurz begründet, warum die Untersuchung der Notwendigkeit ausgesprochen schwierig bis unmöglich ist, um dann Evaluationskriterien für die derzeit anstehenden Fragen der Machbarkeit herauszuarbeiten. Diese Kriterien werden hergeleitet aus Erfahrungen mit dem Unterricht in Informatik, Mathematik und den Naturwissenschaften wie auch aus Versuchen, Lehramtsstudierende anderer Fächer näher an die Informatik heranzuführen.

Dabei zeigt sich, dass die Tiefe bzw. die Exaktheit der zu fordernden Inhalte wohl die wesentliche Herausforderung ist, die die gute Absicht, Einblicke in die Informatik zu

---

[1] Institut für Informatik - Didaktik der Informatik/Rheinische-Friedrich-Wilhelms-Universität Bonn, Römerstr. 164, 53111 Bonn, engbring@cs.uni-bonn.de

vermitteln und Interesse für Informatik zu wecken, in ihr Gegenteil verkehren können. Es werden Evaluationskriterien benannt, die dieser Dialektik genügen.

2 Trenne Notwendigkeiten von Möglichkeiten

In der Diskussion um einen möglichst früh einsetzenden Informatikunterricht werden nach m. E. oftmals zwei Aspekte in unzulässigerweise verquickt. Zum einen wird die Notwendigkeit bezweifelt und zum anderen die Möglichkeit, echte (!) Inhalte der Informatik vermitteln zu können. Im Folgenden werde ich begründen, warum sich die Frage der Notwendigkeit einer empirischen Untersuchung im Wesentlichen entzieht, die Möglichkeiten aber untersucht werden können.

Anfang 2015 machte ein Tweet die Runde, in dem eine Schülerin sich darüber beklagte, durch die Schule nicht genügend auf das Leben vorbereitet worden zu sein. Sie schrieb: „Ich bin fast 18 und hab keine Ahnung von Steuern, Miete oder Versicherungen. Aber ich kann 'ne Gedichtanalyse schreiben. In 4 Sprachen." Es ist an dieser Stelle nicht sinnvoll, diese Grundsatzdiskussion vollständig aufzurollen, die damals geführt wurde. Denn natürlich hat die Schülerin recht damit, dass sie in der Schule nur wenig auf das Leben vorbereitet wird. Denn dies ist – wie auch schon Heymann (auch in seiner Zusammenarbeit mit Bussmann) – in den späten 1980er und den 1990er Jahren aufbereitet hat – nur eine (1) Aufgabe allgemeiner Schulbildung (vgl. hierzu [BH87] oder [He96]). Mehr noch – und auch dies steht in diversen Schriften von Heymann – Schülerinnen und Schüler erwerben viele Qualifikationen, heute würde man wahrscheinlich von Kompetenzen schreiben, außerhalb der Schule. Das heißt: Die Vorbereitung auf die Herausforderungen im Leben nach der Schule ist nur zum Teil Aufgabe der Schule. Heymann hat dieses – und er hat von Mathematikern, die die Differenziertheit dieses Argumentes nicht erfasst haben, auch viel Kritik eingesteckt – beispielsweise in der folgenden Aussage verdichtet: „Erwachsene, die nicht in mathematikintensiven Berufen tätig sind, verwenden in ihrem privaten und beruflichen Alltag nur relativ wenig Mathematik – was über den Stoff hinausgeht, der üblicherweise bis Klasse 7 unterrichtet wird …, spielt später keine Rolle." [He96, S. 153][2]

Dennoch wird Mathematik nach Klasse 7 und ebenso über basale Kompetenzen hinaus unterrichtet. Denn auch diese Mathematik kann ebenso für sich in Anspruch nehmen, Teil der Kultur zu sein wie viele Werke aus der Literatur. Der oben zitierte Tweet stellt vielmehr in Frage, ob denn die notwendigen Qualifikationen in der notwendigen Breite vermittelt werden. Dies ist offenbar auch nicht der Fall, weil unser Auslegung von Allgemeinbildung eine ist, die an den Wissenschaften und an sogenannten Hauptfächern bzw. Pflichtfächern orientiert ist, die dann wiederum aus ihrer Sicht definieren, was allgemein bildend ist und was nicht. Dies führt zu Verzerrungen nicht nur der im Tweet genannten Art; Informatiker beklagen zurecht, dass ihr Fach auf diesem Weg außen vor bleibt. Daher fordern sie dazuzugehören, um mitbestimmen zu können.

---

[2] Hier folgt eine spannende Erörterung bzgl. des Werkzeugcharakters der Mathematik, der angesichts der Entwicklung von Computerprogrammen überdacht werden müsste, auf die hier nicht eingegangen werden kann.

Diese Forderung ist legitim. Aber auf der anderen Seite ist es ebenso wenig gewinnbringend. Denn im Kontext dieser Verzerrungen zu argumentieren, ob dieser oder jener Inhalt sinnvoll ist, führt zu fast schon beliebigen Argumentationen, in denen Inhalte der Informatik genauso (wenig) sinnvoll erscheinen, wie andere. Aus der zusammenfassenden Äußerung Heymanns zur lebensvorbereitenden Aufgabe allgemeiner Schulbildung im Bereich Mathematik ergibt sich jedoch ein anderer beachtenswerter Aspekt. An Inhalte im Bereich der ersten sechs bis sieben Schuljahre müssen offenbar in Bezug auf die Notwendigkeit von Inhalten härtere Maßstäbe angelegt werden als an Inhalte (und damit zu erreichende Kompetenzen) in den Jahrgängen danach. Allerdings sind diese nicht genügend präzise beschrieben. Vielleicht sind sie auch nicht einmal genügend genau beschreibbar. Zudem unterliegen diese Inhalte oder die Kompetenzen einem Wandel, der an die gesellschaftliche, wirtschaftliche, kulturelle und auch wissenschaftliche Entwicklung geknüpft ist. Es ist ein Wandel, der mindestens diese vier Dimensionen beinhaltet, deren Gewichtung allein schon mit Blick auf eine alle angehende Bildung nur schwer zu fassen ist. Hier spielen von Didaktik – fachbezogen oder allgemein – normative oder politische (auf eine gewisse Art willkürliche) Entscheidungen eine viel zu große Rolle.

Daher werde ich mich in diesem Aufsatz im Folgenden darauf konzentrieren, die Möglichkeiten informatischer Bildung zu eruieren. Dies zeigt sich im Folgenden kurzen Einblick in die seit Jahren bestehenden Herausforderungen Mathematik und Naturwissenschaften auch schon in diesen Jahrgängen erfolgreich und nachhaltig zu unterrichten.

3   Zur Nachhaltigkeit schulischen Lernens

Die Untersuchung der Möglichkeiten muss in Rechnung stellen, dass es Differenzen von In- und Output beim Lehren und Lernen gibt, die sich vor allem mittel- bis langfristig zeigen. Der Mangel an Nachhaltigkeit des Gelehrten ist ein wesentliches Merkmal wie Defizit des Schulsystems. Dies zeigt sich auch im Bereich der MINT-Fächer. Denn der Unterricht in Mathematik und den Naturwissenschaften erfreut sich nicht unbedingt der größten Beliebtheit. Dies hat eine Vielzahl an Gründen, die auch in der Natur der Fächer begründet ist. Sie weisen z. B. eine gewisse Strenge auf. Diese Fächer haben für sich selbst den (elitären?) Anspruch hart zu sein, wodurch sie sich zugleich von anderen Fächern abgrenzen. Diese Strenge wird gepaart durch eine gewisse Stofffülle, die vielen Schülerinnen und Schülern größer als in anderen Fächern erscheint. Zudem merken die Schülerinnen und Schüler an, dass die Lerninhalte aufeinander aufbauen, wodurch – und auch das scheint anders als in anderen Fächern zu sein – die Gefahr besteht, dass eine gegenwärtige oder vergangene Lücke nachhaltig schlechte Wirkung auf künftige Lernerfolge hat.

Der Lernerfolg bleibt insgesamt sehr hinter den Ansprüchen und Erwartungen zurück. Zum einen konstatiert man, dass zu wenig Menschen für mathematische, naturwissenschaftliche Fächer interessiert bzw. geworben werden; es wird seit Jahren ein Mangel an Studierenden und Fachkräften in diesem Bereich beklagt. Zum anderen erreicht man offenbar auch nur wenige der basalen Ziele. Es gibt Studien, in denen gezeigt wird, dass naturwissenschaftliche Denkweisen und Kenntnisse aller Pflichtbindung zum Trotz nur rudimentär bis gar nicht vorhanden sind. Zwar zeigt die Tendenz bei internationalen Vergleichsstudien nach oben, allerdings sind die Leistungen im weltweiten Vergleich nur Durchschnitt. Diese Herausforderungen bestehen auch für den Informatikunterricht, wenn man diesen nicht nur auf die im besonderen Maße Interessierten sondern auf alle bezieht (vgl. hierzu [En14]).

Denn die Erfahrungen im Wahlpflichtfach Informatik weisen bereits darauf hin, dass es Herausforderungen gibt. Zwar ist es auch richtig, dass es Schülerinnen und Schüler gibt, die aufgrund der vielen zu beachtenden Rahmenbedingungen bei der Wahl der Fächer Informatik nicht wählen können. Es gibt auch Schülerinnen und Schüler, die im *nolens volens* im Informatikunterricht landen, weil sie – das ist der häufigste Fall – ihre Fremdsprachenpflicht schon absolviert haben und damit ein weiteres Fach aus dem Bereich der MINT-Fächer wählen. Bei einigen fällt die Wahl auf Informatik, ohne dass sie wirklich daran interessiert sind. Diese Schülerinnen und Schüler haben Schwierigkeiten insbesondere mit solchen Inhalten, die eng mit dem Implementieren zu tun haben (vgl. ebenso [En14]). Sie empfinden es als für sich nicht interessant und stellen auch fest, dass es zeitaufwändig ist, eine Implementierung abzuliefern.

Es besteht die Möglichkeit, sich im Wesentlichen darauf zu konzentrieren, zu modellieren. Dies nimmt zwar das zeitaufwändige Implementieren, das oftmals auch ohne weiteren Erkenntniswert über die Problemlage ist, aus dem Unterricht heraus. Zugleich wird aber auch den Schülerinnen und Schülern die Möglichkeit genommen, sich von der Richtigkeit der Modellvorstellungen zu überzeugen, aber vor allem wird dann nicht deutlich, warum man gerade objektorientiert und/oder algorithmisch und nicht anders modelliert. Die Befunde zum Unterricht in Mathematik und Naturwissenschaften zeigen, dass das Warum und Wozu man etwas lernt, möglicherweise von entscheidenderer Bedeutung ist als der schlecht umgesetzte Versuch, möglichst viel zu vermitteln. Dass gerade die Naturwissenschaften, die den Geist der Aufklärung – aus Glaubenssätzen durch Experimentieren Wissenssätze zu machen, die eine Prognose auf zukünftiges Verhalten zu lassen – in einer Art und Weise unterrichtet werden, dass Schülerinnen und Schüler z. T. nur Glaubenssätze wiedergeben können, sollte bedenklich stimmen. M. E. beinhaltet diese Erkenntnis die Schlussfolgerung für den Informatikunterricht, dass man sich erstens nicht nur auf das Modellieren kaprizieren darf und zweitens dass weniger offenbar mehr ist, wenn man sich auch darauf konzentriert die Methodologie des Faches einzubeziehen.

Denn letztlich geht es – auch in der Informatik haben wir es mit abstrakten, erst ab einer gewissen Reife wirklich zugänglichen und verstehbaren Wissensinhalten zu tun – darum, die Grundlagen des Faches so zu vermitteln, dass man später darauf zurückgreifen kann. D. h. Effekte wie Brockenwissen oder gar Fehlinterpretationen, die im Bereich Mathematik und Naturwissenschaften feststellbar sind, sollten unbedingt vermieden werden.

Daraus ergibt sich für die Evaluation der jetzt angelaufenen Pilotprojekte, die notwendigen Ansprüche und den erreichten Ertrag so miteinander in Beziehung zu setzen, dass man den Ertrag mindestens zwei Mal misst. Der zweite Messpunkt sollte einen Abstand von mehr als sechs Wochen haben.[3] Die Pilotprojekte sollten zudem den systematischen Aufbau von Kompetenzen in den Blick nehmen. Hierbei wird man quantitativ arbeiten müssen, mit möglichst großen Anzahlen von Schülerinnen und Schülern, aber auch qualitativ. Insbesondere sollten diejenigen Schülerinnen und Schüler qualitativ untersucht werden, die einen nicht so großen Lernerfolg zeitigen. D. h. nicht, dass man sich zu sehr an den Schwachen orientieren solle, deren Schwäche auch mit mangelhaften Lernverhalten zu tun haben. Man sollte aber versuchen herauszufinden, ob man oder wo man Lernschwierigkeiten methodisch oder medial so aufarbeiten kann, dass das Lernen einen Ertrag hat.

Ein anderer Evaluationsaspekt ergibt sich aus der notwendigen Motivation, die beim Lernen auch intrinsisch vorhanden sein muss. Diese ist oftmals gerade bei Pflichtbelegungen nicht besonders hoch, da die Schülerinnen und Schüler in der Tat fremd bestimmt sind. Diesbezüglich geben Erfahrungen, die wir im Rahmen von Lehrveranstaltungen an der Universität im Rahmen des Lehramtsstudium gemacht haben, weitere Hinweise.

4 Erfahrungen aus der Universität

Vor allem in den Grundschulen werden sehr oft eigenständige Lernformen gewählt, bei denen die Schülerinnen und Schüler sich selbst (in Absprache mit ihren LehrerInnen) Lernziele setzen. Solche Zugänge, die durch intrinsische Motivation angetrieben sind, scheinen dort von Erfolg gekrönt. Es gibt sogar Schulen, die mit einem *radikal geöffneten Unterricht* sehr gute Erfahrungen auch bei der „Vermittlung" (die es dann ja eigentlich nicht mehr ist) basaler Kompetenzen (elementares Lesen, Schreiben und Rechnen) gute Erfahrungen machen. Die Vertiefungen, die einzelne Schülerinnen oder Schüler darüber hinaus eingehen, sind dann natürlich auf sehr unterschiedlichem Niveau. D. h. im übrigen auch, dass der von allen zu absolvierende Pflichtkanon eher klein gehalten wird und dass darauf gesetzt wird, dass sich gewisse allgemeine und prozessbezogenen Kompetenzen vor allem in der Beschäftigung mit Lieblingsthemen entwickeln.[4]

Dieses Vorgehen der Grundschulen entspricht (radikal) konstruktivistischen Vorstellungen zum Lernen, auf das wir auch in den letzten Jahren in Seminaren mit Lehramtsstudierenden in den Bildungswissenschaften gesetzt haben. Im Folgenden wird geschildert, wie wir zu diesem Zugang gelangt sind und welche Erfahrungen wir damit gemacht haben. Diese Erfahrungen liefern weitere Aspekte für die Evaluation von Pilotprojekten zu einer Informatik für alle.

---

[3] Es gibt aus verschiedenen Gebieten der Psychologie Hinweise darauf, dass zwei bis drei Monate später ein guter Zeitpunkt ist, mittelfristig nachhaltigen Lernerfolg zu messen.

[4] Vgl. hierzu z.B.: Peschel, F.: Offener Unterricht – Idee, Realität, Perspektive und ein praxiserprobtes Konzept zur Diskussion. Band 1: Allgemeindidaktische Überlegungen. Band 2: Fachdidaktische Überlegungen. Schneider Verlag Hohengehren: Balltmannsweiler 2002

An der Universität Paderborn gibt es ein Profilstudium Medien, an dem alle Lehramtsstudierenden teilnehmen können, das aber nur von wenigen Studierenden gewählt wird. Aus der bislang unveröffentlichten Untersuchung dieses Profilstudiums ergibt sich als ein wesentlicher Grund die Pflichtbelegung der Veranstaltung „Grundlagen der Informatik für Lehramtsstudierende". Diese wurde von den Studierenden als wenig zugänglich bzw. nützlich empfunden. Daher erschien es uns sinnvoll, die Sache von der anderen Seite in Augenschein zu nehmen und uns zu fragen, was hinter der Behauptung steht, dass zur rationalen Einschätzung digitale und/oder interaktive Medien grundlegende Kenntnisse der Informatik nötig sind. Dies wird im Rahmen der Begründungszusammenhangs des Profilstudium behauptet und auch in solchen Papieren, in denen eine Informatik für alle gefordert wird.

Die Lehramtsstudierenden – von denen nur ganz wenige das Fach Informatik studieren – waren in unserem Seminar aufgefordert, sich ein Phänomen im Kontext digitaler oder interaktiver Medien zu nehmen und dieses unterrichtlich aufzuarbeiten. Dazu haben wir das Seminar als konstruktivistische Lernumgebung gestaltet, indem wir den Studierenden Hinweise zur didaktischen (Sach-)Analyse gegeben haben. Die Zwischenergebnisse dieser Analysen haben wir immer wieder hinterfragt, ob man und ggf. wo man tiefer in die Informatik eindringen kann oder sollte. Damit die Studierenden das leisten können, stand als Dozent auch ein Informatiker parat, der entsprechende Erklärungen, Einordnungen und Materialien zur Verfügung gestellt hätte.

Die Ergebnisse sind aus Sicht der Informatik – trotz motivierender Einwirkung – ernüchternd. Die Studierenden haben sich mit Erklärungsmodellen zufrieden gegeben, die auf der phänomenologischen Ebene angesiedelt sind, so wie sie z. B. auch in populärwissenschaftlichen Darstellungen (z. B. „Sendung mit der Maus") finden, wenn sie sich überhaupt darauf eingelassen heben. Denn viele waren mit Erklärungsmodellen zufrieden, die rein pädagogisch oder politisch sind und damit frei von einer Einschätzung, die aus der Technik der Informatiksysteme herrührt. Das Thema Cybermobbing wird nur politisch und pädagogisch diskutiert, böte sich jedoch an, sich genauer anzuschauen, mit welchen Mechanismen aus dem Bereichen Rechnernetze dort wirksam werden.

Fragte man nach, war es vor allem der für die Studierenden schwer einzuschätzende Aufwand, sich in eine Materie einzuarbeiten, die ihnen zunächst einmal fremd ist. Denn in der Tat handelt es sich um eine Materie, die schwerer zugänglich ist als andere und auf Lernvoraussetzungen (auch und gerade aus der Mathematik) aufsetzt, auf die sie nicht vorbereitet sind (vgl. hierzu [EK14] sowie [KE15]).

5 Evaluationskriterien

Die Evaluation der Pilotprojekte sollte, damit sie auch nach Außen überzeugende Kraft entfaltet, auf der Grundlage der in den drei Abschnitten zuvor dargestellten Befunde, drei Bereiche umfassen. Vor allem sollte die Nachhaltigkeit in den Blick genommen werden. Daher ergeben sich unterschiedliche Messpunkte. Die Befunde zeigen vor allem, dass die Einstellung zur Sache Tiefe und Nachhaltigkeit des Lernerfolgs bedingen.

Der erste Bereich betrifft mithin die Beobachtung von Unterricht, bei der folgende Leitfragen notwendig erscheinen: Wie interagieren die Schülerinnen und Schüler mit der Technik? Dies umfasst Software und Hardware. Dabei wird zu beobachten sein, wie schnell sich die Schülerinnen und Schüler die Software erschließen und wenn Hardware, wie z. B. Lego-Roboter, ein Puppenhaus oder Smartphones o. ä. vorhanden sind, diese analysieren und für sich nutzen. Es muss beobachtet werden, ob sie sich der Systemrationalität unterordnen oder ob sie die vorhandenen Informatiksysteme eher 'kreativ' nutzen. Mögliche Vorerfahrungen sollten protokolliert werden. Damit eng zusammenhängend sollte beobachtet werden, ob entdeckendes Lernen stattfindet oder ob Bedienungsanleitungen abgearbeitet werden. Bei *unplugged* Einheiten sollte genau beobachtet werden, wie die Schülerinnen und Schüler mit den Unterschieden von Mensch und Maschine umgehen und wie sie diese reflektieren. Auch bei den Kleinen werden sich diese Fragen stellen, wenn sie sich z. B. gegenseitig als Roboter 'programmieren'. Zusätzlich zu untersuchen sind: Wie interagieren die Schülerinnen und Schüler untereinander? Gibt es klare Rollenverteilungen und -muster oder wechseln diese? Wie reden die Schülerinnen und Schüler über den Gegenstand und die Lernziele? Versuchen sie fachsprachlich zu kommunizieren?

Der zweite Bereich betrifft die Einstellungen, die offenbar den Lernerfolg sehr deutlich determinieren. Diese Einstellungen sollten an drei Messpunkten erhoben werden. Erstens vorab – auch in Form der Erwartungen – die die Schülerinnen und Schüler haben. Zweitens im direkten Anschluss an das Projekt – auch in Form der Rede – und sich daraus ergebenen Denkweisen – und drittens mit einem gewissen zeitlichen Abstand.

Der dritte Bereich betrifft die erreichten Kompetenzen, die ebenso zu den drei gerade genannten Zeitpunkten gemessen werden sollten. Die beiden ersten Bereiche sind von ihrem Wesen her qualitativ zu untersuchen. Hier sollten Kategorien von Schülerinnen und Schülern bestimmt werden, in denen mindestens die Faktoren Verhalten (Interaktionen) im Unterricht mit den Einstellungen verknüpft werden. Darüber hinaus ist es sicher hilfreich die Kompetenzentwicklung der den Kategorien zugeordneten Schülerinnen und Schüler zu untersuchen. Dafür sind die Pilotprojekte jedoch zu klein als dass man wirklich gültige Aussagen treffen kann. Die gefundenen Kategorien und die Hypothesen zum Zusammenspiel von Lernerfolg, unterrichtlichem Verhalten und Einstellungen können und müssen dann in größer angelegten Studien verifiziert oder falsifiziert werden.

6 Fazit und Ausblick

In diesem Aufsatz habe ich erläutert, warum die Fragen der Notwendigkeit informatischer Bildung von deren Möglichkeiten zu trennen sind. Um die Möglichkeiten früh einsetzender Informatikbildung zu untersuchen, bietet es sich an, die jetzt vorgeschlagenen Pilotprojekte durchzuführen und zu evaluieren. Diesbezüglich sollte man sich einlassen auf verschiedene Varianten von unplugged, über virtuelle Roboter bis zur echten, wenn man auf das 'Programmmieren' (Algorithmen und Datenstrukturen) sowie informatisches Modellieren zielt. Die genannten Evaluationsaspekte sind allgemein genug formuliert, um den in Pilotprojekten angestrebten und auch nur anzustrebenden ersten Eindruck zu erhalten. Die weitere Analyse kann auf diesem Weg für größere Projekte vorbereitet werden.

Sollte sich erweisen, dass Kompetenzen der Informatik nachhaltig erworben werden können – und der Weg dahin beschrieben werden kann – spricht eigentlich nichts dagegen, auch schon sehr früh Informatik zu unterrichten. Sollte sich sogar nachweisen lassen, dass durch die besondere Art des strukturierenden und strukturellen Denken sich sogar der Lernerfolg in anderen Fächern erhöht (wie z. B. von Wing in ihrem Aufsatz zu Computational Thinking behauptet [Wi06]) wären gewichtige Argumente genannt, Informatik in der allgemeinen Bildung zu verankern.

Sollte sich aber zeigen, dass die Versuche ohne großen Effekt bleiben, wie es bei vielen Unterrichtsinhalten (und damit auch bei den angestrebten Kompetenzen) in den Schulen schon der Fall ist, sollten wir darauf verzichten den Versuch zu unternehmen, allen Menschen Informatik näherzubringen. Dann sollten wir uns darauf beschränken im Wahl (-pflicht-)bereich die Interessierten zu unterrichten und mit denen echte Informatik zu machen.

Literaturverzeichnis

[BH87]   Bussmann, H.; Heymann, H. W.: Computer und Allgemeinbildung. Neue Sammlung 27 Heft 1, S. 2-39, 1987.

[EK14]   Engbring, D.; Klar, T.-M.: Medienbildung mit Informatik-Anteilen!? In (Forbrig, P., Magenheim, J., Hrsg.): Gestalten und Meistern von Übergängen. 6. Tagung Hochschuldidaktik der Informatik. 15.-16. September 2014, Universität Freiburg. S. 85-96. 2014.

[En14]   Engbring, D.: Zum Verhältnis von Informatik und Naturwissenschaften. Ein Vorschlag zur MINT-Förderung. In (Thomas, M.; Weigend, M., Hrsg.): Informatik und Natur. 6. Münsteraner Workshop zur Schulinformatik - 9. Mai 2014. Books on Demand GmbH, Norderstedt. S. 9-18. 2014

[He96]   Heymann, H.W.: Allgemeinbildung und Mathematik. Beltz. Weinheim Basel, 1996

[KE15]   Klar, T.-M.; Engbring, D.: Braucht die Medienbildung Impulse aus der Informatik? In (Nistor N.; Schirlitz, S., Hrsg.): Digitale Medien und Interdisziplinarität. Herausforderungen, Erfahrungen, Perspektiven, GMW-Tagungsband, S. 35-45. 2015.

[Wi06]   Wing, J.: Computational Thinking. Communications of the ACM. Vol. 49, No. 3, S. 33-35. 2006

Informatik-Einstiege mittels Software, Hardware und auch unplugged – ein Vergleich

Nadine Bergner[1], Thiemo Leonhardt[2] und Ulrik Schroeder[3]

Abstract: Es gibt zahlreiche Möglichkeiten mit Kindern inner- und außerhalb der Schule den Einstieg in die Welt der Informatik zu gestalten. In diesem Beitrag werden international bekannte Maßnahmen, kategorisiert nach dem Grad der Nutzung von Soft- und Hardware (von unplugged bis zu Software in Kombination mit speziellen Lernwerkzeugen), dargestellt. Dazu werden die Ergebnisse der Evaluation verschiedener konkreter Umsetzungen in den Projekten go4IT! und InfoSphere analysiert und daraus eine Empfehlung generiert.

Keywords: Informatiklernen, Informatikunterricht, Informatikeinstieg, Programmiereinstieg, Lernmedien, Lehr-Lern-Methoden, Lernsoftware, Lernhardware, Tools

1   Motivation

Einstieg in die Informatik – möglichst früh oder doch lieber später? In der Schule oder besser außerhalb? Mit oder ohne Informatiksystem? Mittels welcher Werkzeuge? Auf jeden Fall kompetenzorientiert!

Es gibt zahlreiche Möglichkeiten mit Kindern und Jugendlichen den Einstieg in die Welt der Informatik zu gestalten. Dazu stehen Ansätze ohne Computereinsatz – wie beispielsweise das Projekt „Computer Science Unplugged"[4] von Tim Bell – zahlreichen (Online-) Softwaretools – wie Scratch[5], Robot Karol[6], Kara[7], und APP Inventor[8] – gegenüber. Weiter stehen reinen Software-Angeboten, wie vor allem auf der Webseite code.org verfügbar, umfangreiche Konzepte mit spezieller Hardware gegenüber. Vom PRIMO-Roboter Cubetto, welcher über das Stecken von Holzklötzchen programmiert wird, über die WONDER-Roboter Dash & Dot, die über Symbole auf einem Tablet gesteuert werden, bis zum LEGO-Mindstorms Roboter, der sogar textuell programmiert werden kann, ist für jede Altersklasse und jeden Vorwissensstand etwas dabei (siehe Abbildung 1). Bevor den immer lauter werdenden Forderungen nach einem durchgängigen, verpflichtenden und fundierten Schulfach Informatik für Schülerinnen und Schüler allgemeinbildender Schulen in Deutschland nachgegangen werden kann, gilt es zu untersuchen, welche Ansätze am besten geeignet sind.

---

[1] RWTH Aachen, Lehr- und Forschungsgebiet Informatik 9, Schülerlabor Informatik InfoSphere, bergner@informatik.rwth-aachen.de

[2] RWTH Aachen, Fachgruppe Informatik, leonhardt@informatik.rwth-aachen.de

[3] RWTH Aachen, Lehr- und Forschungsgebiet Informatik 9, schroeder@informatik.rwth-aachen.de

[4] csunplugged.org

[5] http://scratch.mit.edu/

[6] www.schule.bayern.de/karol

[7] http://www.swisseduc.ch/informatik/karatojava/kara/

[8] http://appinventor.mit.edu/

Abbildung 1: Auswahl verschiedener Roboter zum Einstieg in die Informatik

2 Erfahrungen aus den Projekten InfoSphere und go4IT!

Im Schülerlabor Informatik InfoSphere an der RWTH Aachen[9] werden seit 2010 unterschiedliche Konzepte zum Einstieg in die Informatik experimentell erforscht. Beispielsweise wurde das Modul „Spielend Programmieren lernen mit Scratch", welches für die Zielgruppe der Schülerinnen und Schüler ab Klasse 6 konzipiert ist, bereits von 23 Schulklassen besucht und evaluiert. Aktuell in der Erprobung befindet sich das Modul „Zoo-Spaziergang und Tier-Wettrennen selbst programmieren mit ScratchJR", welches dank der kindgerechten Tablet-App die erfolgreichen Ansätze von Scratch auch für eine noch jüngere Zielgruppe (ab Klasse 2) zugänglich macht (siehe Abbildung 2).

Abbildung 2: ScratchJR

Diesen werkzeugbasierten Ansätzen stehen die Module „Zauberschule Informatik" und „Alles Informatik, oder was?!?" gegenüber, die bereits seit über drei Jahren eingesetzt werden und von 20 Klassen besucht wurden. Beide folgen dem amerikanischen Computer Science Unplugged-Konzept und verzichten, bis auf das Abspielen eines Videos und einer Simulation, komplett auf den Einsatz von Informatiksystemen.

Auch mit verschiedenen Robotersystemen wurden Erfahrungen gesammelt. Im Projekt

[9] http://schuelerlabor.informatik.rwth-aachen.de

go4IT![10] wurden über 250 zweitägige Basis- sowie dreitägige Aufbau-Workshops zum Thema Robotik für Kinder (insbesondere Mädchen) im Alter von 11 bis 13 Jahren durchgeführt.

3 Informatik-Einstiege im Vergleich

Für den Einstieg in die Welt der Informatik gibt es verschiedene Ansätze, eine Auswahl weit verbreiteter Ansätze wird hier sortiert nach dem Grad des Einsatzes von Informatiksystemen vorgestellt.

3.1 Informatik-Einstieg ganz ohne Informatiksystem (unplugged)

Das international bekannte Konzept „Computer Science Unplugged" stammt von Tim Bell, Ian H. Witten und Mike Fellows von der University of Canterbury [BFW06]. Das Hauptargument für diesen Ansatz ist die Idee, dass Kinder frühzeitig Konzepte der Informatik kennenlernen, die über die Programmierung hinausgehen. Weiter wird der Computer von vielen Kindern als Spielzeug angesehen, so dass laut Bell ein frühzeitiger Einsatz des Computers dazu führt, dass Informatik mit dem Spielen von Computerspielen gleichgesetzt wird. Inhalte dieses Konzepts sind beispielsweise Daten, verschiedene Algorithmen und auch Datenstrukturen wie Bäume und Graphen.

Darüber hinaus ist dieser Ansatz mit dem Konzept des Computational Thinking von Janet Wing [Wi06] verknüpft. Die Idee dessen ist, mit informatischen Methoden Probleme der realen Welt zu lösen. So lässt sich das informatische Prinzip divide and conquer auch für zahlreiche alltägliche Probleme nutzen, z.B. indem eine große Aufgabe auf mehrere Personen verteilt wird.

Ein großer Vorteil eines technikfreien Ansatzes ist, dass dieser nahezu unabhängig aller äußeren Faktoren umgesetzt werden kann. Es ist keine besondere Ausstattung notwendig, auch ist das Konzept zeitlich flexibel skalierbar. Weiter trauen sich auch fachfremde Lehrkräfte möglicherweise eher zu, ein solches Konzept im Unterricht umzusetzen. Generell ist es entscheidend Lehrkräften Materialien und Fortbildungs-veranstaltungen anzubieten, denn nur, wenn diese sich kompetent fühlen, können sie auch bei ihren Schülerinnen und Schülern entsprechende informatische Kompetenzen wecken.

Die internationale Bedeutung dieses Ansatzes zeigt sich besonders daran, dass er mittlerweile Teil des ACM K-12 Curriculum ist [Se11] und inner- wie außerhalb des Schulunterrichts in zahlreichen Ländern eingesetzt wird. Aufbauend auf diesem Ansatz entstanden die beiden InfoSphere-Module „Zauberschule Informatik" [BLS11], [BB12] und „Alles Informatik, oder was?!?", welche seit 2011 für Kinder der dritten und vierten Klasse angeboten werden. Ebenfalls fast ausschließlich ohne Informatiksystem wird im Modul „Wie funktioniert das Internet?" gearbeitet.

---

[10] http://schuelerlabor.informatik.rwth-aachen.de/go4it

3.2   Informatik-Einstiege mit einem Informatiksystem ohne weitere Technik

Neben dem technikfreien Ansatz „Computer Science Unplugged" gibt es unzählige Entwürfe den Einstieg in die Informatik über die Programmierung zu meistern. Eine sehr umfangreiche Webseite ist *code.org*[11]. Dort finden sich zahlreiche kleine Online-Lerneinheiten, die sogar Kindern im Vorschulalter Schritt für Schritt das Denken in Programmstrukturen näherbringen. So erlernen die Kinder spielerisch verschiedene Kontrollstrukturen wie Schleifen und Bedingungen. Auch dieses Angebot ist, vor allem durch die jährlich stattfindende Hour of Code[12], international bekannt und in über 30 Sprachen (darunter auch deutsch) teilweise oder komplett übersetzt worden.

Ein weiteres ebenfalls international bekanntes Lernwerkzeug ist *Looking Glass*. Dieses ist ein, an der Washington University in St. Louis entwickeltes, Tool für Kinder ab dem zehnten Lebensjahr. Es handelt sich um eine Weiterentwicklung des an der Carnegie Mellon University von Matthew Conway 1997 unter Leitung von Randy Pausch entwickelten Tools Alice [DCP12]. Mit Looking Glass können animierte Kurzvideos erstellt und gleichzeitig erste Programmierbausteine kennengelernt werden. Dazu werden Objekte in einer 3D-Mikro-Welt nach den vorher einprogrammierten Verhaltensweisen lebendig. Programmiert wird über den visuellen Zugang, wodurch Syntaxfehler vermieden werden. Ähnlich wie code.org setzt Looking Glass auf eine Online-Community, um nachhaltig Interesse zu fördern [Ha12].

Neben diesen zwei international bekannten Einstiegen gibt es eine breite Auswahl an Lerngegenständen in der Informatik, im Speziellen in der Ausbildung von Programmierfähigkeiten sowie im Verständnis von unterschiedlichen Konzepten in Programmiersprachen. In einer umfangreichen Betrachtung verglich Kelleher 85 verschiedene Lernumgebungen für Programmierneulinge ([Ke08], S. 225–295). In Deutschland sind Scratch, App Inventor und Java Kara die gängigsten Vertreter dieser Art.

Sie alle haben gemeinsam, dass Grundkonstrukte der Programmierung und algorithmisches Denken erlernt werden, indem kleine Spiele, Abläufe eines Roboters oder eigene Geschichten entwickelt werden. Sie alle richten sich an Kinder der Klassenstufen 3 bis 9; auch erwachsene Anfänger-innen können mit ihnen den Einstieg in die Programmierung finden. Von Scratch gibt es noch die Variante ScratchJR, welche sich in Form einer Tablet-App an Kinder im Vor- bzw. Grundschulalter ohne Lesekompetenz richtet. Auch hier bietet das Schülerlabor InfoSphere bereits eigene Module an:

Mit den Tools *ScratchJR* & *Scratch*: „Zoo-Spaziergang oder Tier-Wettrennen selbst programmieren mit ScratchJR" für Kinder der Klassen 3 bis 5 und „Spielend Programmieren lernen mit Scratch" für Schüler-innen der Klassen 6 bis 9.

Mit dem *App Inventor*: „Erste App programmieren - Einstieg in den App Inventor" für die Klassen 5 bis 7 und „InfoSphere goes Android - Erstellung einer App mit Hilfe des App-Inventors" für Einsteiger ab Klasse 7.

---

[11] https://code.org/
[12] https://hourofcode.com/de

Bereits mit textueller Programmierung, aber auch auf Einsteigerniveau, arbeiten die Umgebungen Robot Karol, Looking Glass, Alice und Greenfoot. Auch diese lassen die erstellten Programme auf einer Bildfläche ablaufen, so dass der eigene Erfolg von den Lernenden selbst beurteilt werden kann. Auch mit diesen Programmierumgebungen wurden im InfoSphere Module entwickelt.

Mit dem Tool *Robot Karol*: „Robot Karol aus dem Labyrinth helfen" für Kinder der Klassen 4 bis 6

Mit *Alice*: „Eigene Geschichten programmieren mit ALICE" für die Sekundarstufe II

Mit *Greenfoot*: „Newton meets JAVA - Simulation physikalischer Experimente mit Greenfoot" ebenfalls für die Sekundarstufe II

Für die rein textuelle Programmierung – in NRW vorrangig in Java – stehen den Lernenden Entwicklungsumgebungen wie BlueJ, Java Editor oder Eclipse zur Verfügung. Hierzu gibt es im InfoSphere keine expliziten Module, doch können die genannten Editoren in denjenigen Modulen für die Sekundarstufe II eingesetzt werden, in denen Programmierung einen Schwerpunkt bildet, z. B. wird in den Modulen „Smartphone-App zur Fernsteuerung eines Roboters" und „Medienmanipulation – Ein Java-Softwareprojekt für kreative Köpfe" mit Eclipse gearbeitet.

3.3 Informatik-Einstiege mit einem Informatiksystem und weiterer Technik

Neben der Gestaltung von Software ist auch die Kombination von Soft- und Hardware eine spannende Herausforderung der Informatik.

Dafür gibt es spezielle Hardware, die insbesondere jungen Informatikeinsteigern die ersten Schritte erleichtern soll. So richtet sich der PRIMO-Roboter Cubetto (siehe links in Abbildung 1), welcher über das Stecken von Holzklötzchen programmiert wird, explizit an Kinder im Vorschulalter. Mit diesem einfachen Spielzeug lassen sich Grundlagen in Richtung Algorithmen und Programmierung bereits von Kindergartenkindern spielerisch erlernen.

Besonders bei jungen Lernenden ist eine direkte Rückmeldung zu ihrer Arbeit sehr motivationsfördernd [Br10]. So bieten auch die komplexeren Robotermodelle wie die WONDER-Roboter Dash & Dot (rechts in Abbildung 1), die über Symbole auf einem Tablet gesteuert werden, und auch der LEGO-Mindstorms Roboter (mittig in Abbildung 1) die Möglichkeit das Ergebnis der eigenen Programmierversuche direkt selbst zu bestaunen und zu bewerten. Ähnliches gilt auch beispielsweise für die App-Programmierung, da die selbstentwickelten Apps direkt auf einem Smartphone oder Tablet ausprobiert werden können.

Als Ergänzung der recht fixen oder nur eingeschränkt umwandelbaren oben genannten Hardware-Systeme gibt es zahlreiche sehr modulare Ansätze mit Mikrocontrollern (wie dem Arduino oder auch Raspberry Pi). Hierbei besteht die Herausforderung neben der Softwareentwicklung auch in der richtigen Hardwarekonstruktion. So erlernen die Schüler-innen das Zusammenspiel von Hard- und Software. Diese Kombination aus

Kopf- und Handarbeit kommt im InfoSphere unter anderem in den folgenden Modulen zum Tragen: „Informatik Enlightened - Was Blumen, Autos und Solarzellen verbindet", „Grün, gelb, rot - Aufbau, Modellierung und Programmierung einer Ampelanlage" und „Das Haus der Zukunft - Hausautomation mit Mikrocontrollern".

Weiter erlernen die Mädchen im Projekt go4IT! im Basis- wie auch Aufbau-Workshop anhand der LEGO Mindstorms die Robotik und damit die Programmierung kennen.

3.4 Relevante Aspekte unabhängig der drei Kategorien

Unabhängig der gewählten Art des Informatik-Einstiegs gibt es einige entscheidende Einflussfaktoren auf den Erfolg der Vermittlung informatischer Kompetenzen. So spielen, insbesondere für junge Mädchen, *Role-Models* eine sehr entscheidende Rolle hinsichtlich der eigenen Identifikation mit dem Fach [NKP13]. Sie dienen den Kindern und Jugendlichen als Vorbilder und können stark dazu beitragen bestimmte Vorurteile (z. B. dieses, dass Informatik ein Männerfach sei) abzubauen.

Weiter ordnen Kinder und Jugendliche informatischen Inhalten nur dann eine entsprechende Bedeutung zu, wenn sie die *Alltagsrelevanz* für sich ganz persönlich erkennen. So ist es entscheidend, die Lernenden abzuholen und die Projekte sowohl bezüglich fachlichem Niveau als auch der Interessenslage auf die Lerngruppe abzustimmen. Insbesondere aufgrund der hohen Heterogenität in Informatikgruppen, ist auch die *individuelle Förderung* der Lernenden sehr entscheidend für einen erfolgreichen Lernprozess. Somit müssen die Lernmaterialien so konzipiert sein, dass sie von Lernenden unterschiedlicher Vorkenntnisse und Interessen gemeistert werden können. Aus diesem Grund verfügen die meisten Schülerlabor-Module über eine Auswahl unterschiedlicher Projekte, welche unterschiedliche Schwierigkeitsgrade und Themen kombinieren. Beispielsweise haben die Lernenden im Modul „Informatik Enlightened" nach einer obligatorischen Einstiegsstation die Wahl aus vier vertiefenden Stationen, in denen das Spektrum von einer einfachen Einparkhilfe bis hin zum komplexen Algorithmus einer Sonnenblume, die dem Licht folgt, reicht.

4 Ergebnisse aus den Projekten Schülerlabor Informatik InfoSphere und go4IT!

In den Projekten go4IT! und dem Schülerlabor InfoSphere werden seit 2008 bzw. 2010 Workshops für Kinder und Jugendliche angeboten, die einen Einstieg in die Informatik wagen möchten. Beide Maßnahmen werden evaluiert und die Ergebnisse der quantitativen Befragungen der Teilnehmer-innen im Folgenden dargestellt.

4.1 Ergebnisse aus dem Schülerlabor InfoSphere

Unabhängig des gewählten Moduls zeigt die Auswertung der 1.346 Schülerdatensätze, welche seit Januar 2011 erhoben wurden, dass speziell die Module für Einsteiger-innen von den Kindern und Jugendlichen sehr gut bewertet werden. Spitzenreiter unter den

Modulen ist das Angebot „Wie funktioniert das Internet?", welches größtenteils in die Kategorie „ohne Informatiksystem" fällt (lediglich Videos werden abgespielt). Dicht gefolgt wird dieses vom Modul „Erste eigene App", welches zu den softwarelastigen Angeboten zählt. Auf den dritten Platz hat es der go4IT!-Workshop geschafft, in welchem mit LEGO Mindstorms gearbeitet wird und somit in die Kategorie „zusätzliche Hardware" eingeordnet werden kann. Aus der Benotung der Module insgesamt lässt sich aus Sicht der Lernenden also keine klare Tendenz zu einer der Kategorien ableiten.

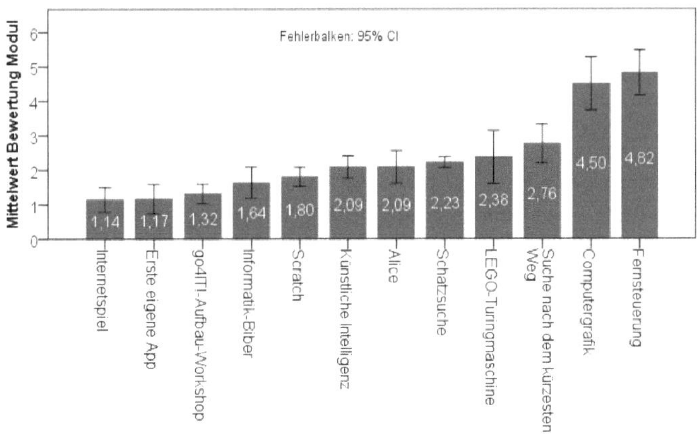

Abbildung 3: Bewertung der Module (01/2011 – 10/2012)

Wesentlich mehr Einfluss hatten hier Faktoren der *Überforderung* durch fehlende Vorkenntnisse bei Modulen für die Sekundarstufe II, was auch der Hauptgrund für das schlechte Abschneiden der Module „Computergrafik" und „Fernsteuerung" war.

Eine weitere wichtige Erkenntnis ergab sich aus der Analyse der zur Informatik assoziierten Begriffe. Eingeschränkt auf die 116 Grundschulkinder ergab sich, dass die meistgenannte Antwort vor dem Besuch im InfoSphere (mit 28 Nennungen) der Begriff „Computer" war, wobei die Begriffe „Programmieren" und „Technik" ebenfalls in der Top 5 waren. Bei den 1.414 Schüler-inne-n ab Klasse 5 war das Bild analog: „Computer" (908 Nennungen), vor „Programmierung" (635) und „Internet" (221) und „Technik" (192). Dies kann zum Anlass genommen werden und den ersten Einstieg in die Informatik bewusst ohne Informatiksystem zu gestalten, um ein Umdenken zu provozieren.

Gegen einen solchen Ansatz spricht allerdings das Interesse der Kinder und Jugendlichen. So wurde aus einem Spektrum von 13 verschiedenen Informatikaspekten das „Kennenlernen von neuen Technologien (z.B. Smartphones, Multitouchtische)" von den Teilnehmer-innen auf Platz 1 gewählt (Mittelwert M = 4.77 auf einer Skala von „interessiert mich gar nicht" [1] bis „interessiert mich sehr" [6]). Allerdings zeigen Mädchen (M_w = 4.42) ein deutlich geringeres Interesse an (neuen) Technologien als

Jungen ($M_m = 4.97$) ($p < .001$, $V = .200$)[13].

4.2   Ergebnisse aus dem Projekt go4IT!

Bis heute haben an dem Projekt go4IT! etwa 3000 Kinder teilgenommen. Im Rahmen des Projekts wurden unter anderem gezielt die Effekte der realen Roboter und ihrer simulierten Repräsentation auf dem Monitor verglichen. Aus der Begleitforschung können einige Empfehlungen zur fachdidaktischen Konzeption eines Einstieges in die Informatik abgeleitet werden. Für einen realen Lerngegenstand (wie dem LEGO Mindstorms) spricht, dass die Teilnehmenden sich eher zutrauen, ein ihnen unbekanntes Programm zu verstehen. Dies ist möglicherweise darauf zurückzuführen, dass der Handlungsspielraum des realen Roboters als eingeschränkter angesehen wird als bei dem virtuellen Pendant, oder weil ein „Hineinversetzen" in den realen Lerngegenstand leichter fällt (Lernen am Modell). Gegen die Verwendung eines realen Lerngegenstandes spricht, dass die Teilnehmenden bei dem virtuellen Roboter deutlich mehr dazu bereit waren, unbekannte Befehle auch einzusetzen. Die Sorge bei der virtuellen Darstellung, keine dauerhaften oder realen Schäden verursachen zu können, kann hier eine mögliche Erklärung sein [Br10].

Ein realer Lerngegenstand sollte demnach einerseits robust gegenüber der Benutzung beim Ausprobieren und Lernen sein und andererseits auch ein entsprechend robustes Design aufweisen, damit den Kindern die Angst vor Beschädigungen des Lerngegenstandes genommen wird. Auf diese Weise könnten die Vorteile gegenüber dem virtuellen Gegenstand ohne dessen Nachteile genutzt werden.

In der didaktischen und inhaltlichen Planung von Informatikeinstiegen besteht eine Schwierigkeit darin, eine Balance zwischen technischen und informatischen Inhalten zu erreichen. Reiner Programmierunterricht oder rein theoretischer Informatikunterricht birgt die Gefahr, Technik auszuschließen und damit weiter zu stereotypisieren. Da Informatik überall im Alltag vorhanden ist, aber vor allem im Zusammenspiel mit Technik wahrgenommen wird, ist eine Ausgewogenheit zwischen informatischen und technischen Inhalten zu empfehlen.

Ein realer Lerngegenstand im Zusammenspiel mit der Programmierung dessen an einem anderen technischen Gerät wie einem Laptop oder einem Tablet hat den Vorteil, dass bei der im Informatikunterricht verbreiteten Teamarbeitsweise mehrere Aufgaben gleichzeitig zu lösen sind und damit jedes Kind sich mit einer Teilproblemlösung einbringen kann. Im Projekt go4IT! wird in 2er-Teams gearbeitet. Wobei jedes Team einen Laptop mit altersgemäß angepasster Entwicklungsumgebung sowie einen Roboter als realen Lerngegenstand zur Verfügung hat.

In den Ergebnissen konnte nachgewiesen werden, dass in diesem didaktischen Setting das Autonomieerleben von den Kindern einmal deutlich wahrgenommen und gleichzeitig sehr positiv empfunden wird [Le15].

---

[13] Zur Beschreibung der verwendeten Hypothesentests, der Evaluationsbögen und der gesamten Auswertung siehe [Be15].

5 Fazit

Insgesamt zeigen die Ergebnisse der Evaluation im Projekt InfoSphere, dass von den Lernenden keine der oben aufgeführten Kategorien klar den anderen überlegen ist; so werden auf die ersten drei Plätze im Modulranking Angebote aller Kategorien gewählt. Allerdings lässt sich aus den Kommentaren im Freitextfeld am Ende des Fragebogens ableiten, dass den Lernenden besonders die Abwechslung der Module gefällt, was über verschiedene Lernwerkzeuge einfacher zu erzielen ist.

Auf der anderen Seite gibt es Argumente, die für einen technikfreien Start in die informatische Bildung sprechen. So zeigen die Erhebungen, dass Informatik bei den Kindern extrem stark mit dem System Computer vernetzt ist. Um dieser nahezu Gleichstellung der Begriffe entgegenzuwirken, kann ein unplugged Einstieg sehr wirkungsvoll sein. Auch die Rahmenbedingungen der Schulen, insbesondere der Grundschulen, lassen teilweise nur einen technikfreien Ansatz zu. Auch das Argument der weniger ausgeprägten Kompetenzwahrnehmung bei den Lehrkräften für computergestützte Lerneinheiten darf nicht übersehen werden.

Sind allerdings die nötigen – technischen wie personellen – Rahmenbedingungen gegeben, decken die Untersuchungen im Projekt go4IT! auf, dass ein reales Lernwerkzeug, wie beispielsweise ein Roboter, deutliche Vorteile in Bezug auf die wahrgenommene Kompetenz der Lernenden hat, solange der Lerngegenstand robust gegenüber Fehleingaben wirkt. Über die Kombination von verschiedenen Werkzeugen kann den Lernenden das Fachgebiet Informatik mitsamt den verschiedenen Teilgebieten sowohl technischer, praktischer als auch theoretischer Art erlebbar gemacht werden.

Literaturverzeichnis

[BB12]   Batur, F.; Bergner, N.: Grundschulkinder begeistern mit der Zauberschule Informatik. In (Thomas, M.; Weigend, M. Hrsg.): 5. Münsteraner Workshop zur Schulinformatik. Ideen und Modelle. Books on Demand GmbH, Norderstedt, 2012; S. 87–94.

[Be15]   Bergner, N.: Konzeption eines Informatik-Schülerlabors und Erforschung dessen Effekte auf das Bild der Informatik bei Kindern und Jugendlichen. Dissertation, Aachen, 2015.

[BFW06]   Bell, T.; Fellows, M.; Witten, I. H.: Computer Science Unplugged. Ein Förder- und Studienprogramm für Kinder im Grundschulalter, 2006.

[BLS11]   Bergner, N.; Leonhardt, T.; Schroeder, U.: Zauberschule Informatik - Einblick in die Welt der Informatik für Kinder im Grundschulalter. In (Thomas, M. Hrsg.): Informatik mit Kopf, Herz und Hand. Praxisband zur 14. GI-Fachtagung "Informatik und Schule" - INFOS 2011, 2011.

[Br10]   Brauner, P. et al.: The effect of tangible artifacts, gender and subjective technical competence on teaching programming to seventh graders. In (Hromkovič, J.; Královič, R.; Vahrenhold, J. Hrsg.): Teaching Fundamentals Concepts of Informatics // Teaching fundamental concepts of informatics. 4th International Conference on Informatics in Secondary Schools - Evolution and Perspectives, ISSEP 2010, Zurich, Switzerland, January 13 - 15, 2010 ; proceedings. Springer, Berlin, 2010; S. 61–71.

[DCP12]   Dann, W.; Cooper, S. C.; Pausch, R.: Learning to program with Alice. Prentice Hall, Boston, 2012.

[Ha12]   Harms, K. J. et al.: Designing a community to support long-term interest in programming for middle school children: Proceedings of the 11th International Conference on Interaction Design and Children, New York, 2012; S. 304–307.

[Ke08]   Kelleher, C.: Using storytelling to introduce girls to computer programming. In (Kafai, Y. B. et al. Hrsg.): Beyond Barbie and Mortal Kombat: New Perspectives on Gender and Gaming. ERIC, 2008; S. 247–264.

[Le15]   Leonhardt, T.: Etablierung eines begabungsfördernden Lernumfeldes für Mädchen im Bereich Informatik. Dissertation, Aachen, 2015.

[NKP13]   Nissen, U.; Keddi, B.; Pfeil, P.: Berufsfindungsprozesse von Mädchen und jungen Frauen: Erklärungsansätze und empirische Befunde. Springer-Verlag, 2013.

[Se11]   Seehorn, D. et al.: CSTA K-12 Computer Science Standards. Revised 2011. ACM.

[Wi06]   Wing, J. M.: Computational thinking. In Communications of the ACM, 2006, 49; S. 33–35.

Kooperatives E-Learning am Multitouch-Display für Grundschulkinder

Nadine Bergner[1], Matthias Ehlenz[2], Ulrik Schroeder[3]

Abstract: Im Mittelpunkt dieses Beitrags steht die Frage, inwiefern sich Multitouch-Displays als neues Lernwerkzeug zum kooperativen wie auch kompetitiven Erlernen informatischer Themen für Kinder im Grundschulalter eignen. Dazu entwickelten zwölf Studierende in einem Software-Projektpraktikum vier Web-basierte Lernspiele, welche in ein, bisher technikfreies, Stationenlernen im Schülerlabor-Modul "Zauberschule Informatik" des Schülerlabors InfoSphere integriert werden sollten. Die inhaltlichen wie auch didaktischen und technischen Herausforderungen wurden dabei mittels HTML5 und dem JavaScript-Framework CreateJS gelöst. Sowohl die Entwicklung wie auch die Erprobung der Spiele mit mehreren Teams aus jeweils zwei bis vier Grundschulkindern werden hier erläutert. Abschließend wird ein Vergleich zur bisherigen, analogen Variante gezogen und das zukünftige Potential solcher Lernspiele für die Informatik reflektiert.

Keywords: E-Learning, Multitouch, Grundschule, kooperatives Lernen, informatisches Lernen, interaktive Lernspiele

1 Motivation und Einordnung

Lernen für die ganz Kleinen mit den Großen. So könnte man es umschreiben, wenn zwölf Studierende in einer heterogenen Seminargruppe aus Informatik-Fachstudierenden und Informatik-Lehramtsstudierenden gemeinsam die Aufgabe bekommen, vier unterschiedliche informatische Problemstellungen für die Grundschule aufzubereiten. Kontext des Projekts sind die – bisher vollkommen analogen – Grundschulmodule des Schülerlabors Informatik InfoSphere[4] an der RWTH Aachen.

Das Modul „Zauberschule Informatik" richtet sich an Grundschulkinder der dritten und vierten Klassenstufe, also im Alter von 7 bis 9 Jahren. In einem Stationenlernen erarbeiten sich die Lernenden eigenständig erste Grundlagen der Informatik: Binärzahldarstellung, Fehlererkennung, Aufbau des Computers und Optimierung (siehe dazu [BLS11] und [BB12]). Kern des Moduls ist ein Stationenlernen, in welchem sich die Kinder in Teams aus 3 bis 4 Schülerinnen und Schülern eigenständig verschiedene Fachinhalte spielerisch aneignen. Problematisch an der analogen Version der Stationen ist der extrem hohe Betreuungsaufwand. Um sicherzustellen, dass die (meist textuelle) Aufgabenstellung verstanden wird und bei der Ausführung der Lernschritte durch die Kinder keine gravierenden Missverständnisse auftreten, benötigt man für je zwei

---

[1] RWTH Aachen, Lehr- und Forschungsgebiet Informatik 9, Ahornstraße 55, 52074 Aachen, bergner@informatik.rwth-aachen.de

[2] s.o., ehlenz@informatik.rwth-aachen.de

[3] s.o., schroeder@informatik.rwth-aachen.de

[4] Weitere Informationen unter: http://schuelerlabor.informatik.rwth-aachen.de

Schülergruppen eine betreuende Person. Das Modul musste meist mit einem Betreuungsschlüssel von 1 zu 6 bzw. 8 durchgeführt werden.

Ziel des Software-Projektpraktikums war es daher, einzelne Stationen des Moduls „Zauberschule Informatik" durch interaktive, Web-basierte Lerneinheiten derart zu ergänzen, dass die Lernenden unmittelbares Feedback zu ihrem Lernprozess erhalten. So wird den jungen Lernenden auch ohne große Lesekompetenz eine eigenständige Erarbeitung der Stationen ermöglicht und gleichzeitig der individuelle Lernprozess durch unmittelbares Feedback optimal gesteuert.

2 Herausforderungen

Insgesamt gab es hinsichtlich des konkreten Einsatzes im Rahmen des Schülerlabor-Moduls „Zauberschule Informatik" einige *didaktische und inhaltliche Rahmenbedingungen bzw. Herausforderungen*. Durch den Einsatz der Multi-Touch-Displays ergaben sich darüber hinaus auch *technische Rahmenvorgaben*.

2.1 Formale Rahmenbedingungen des Projektpraktikums

Die Entwicklung der interaktiven Lernspiele wurde in die Durchführung des *Software-Projektpraktikums* „E-Learning in der Schule" eingebettet. Diese (in dieser Form erstmalig durchgeführte) Veranstaltung ist im Wahlpflichtbereich des Studiengangs Bachelor Informatik sowie dem Lehramtsstudiengang Informatik vorgesehen. Dementsprechend war die Gruppe der Studierenden, die sich für dieses Praktikum entschieden, sehr heterogen. Fünf Studierende hatten, durch die Erfahrungen aus dem Lehramtsstudiengang, didaktische Vorkenntnisse und eine Affinität zur Entwicklung von Lehr-Lern-Material.

In einem wöchentlichen Gruppentermin wurden gleichermaßen *didaktische wie technische Inputs* gegeben, aktuelle Entwicklungs- und Lernfortschritte reflektiert und wechselseitig konstruktiv kritisiert. Darüber hinaus wurden den vier Projektgruppen wöchentliche Kleingruppentermine für die intensive Unterstützung bei der Lösung kleinerer wie größerer technischer Hürden angeboten. Die Betreuung folgte hier arbeitsteilig zwischen der Praktikumsbetreuerin und dem -betreuer. Zu Beginn wurden den Teilnehmenden die technikfreien Varianten der Stationen aus dem Grundschulmodul präsentiert und ihnen selbst die Entscheidung überlassen, welche sie mit welchen Ideen in eine technische Variante verwandeln möchten. In jedem Gruppentermin erhielten die Studierendenteams Feedback ihrer Kommilitonen wie auch Rückmeldung und Beratung durch das Betreuerteam zu ihren didaktischen Entscheidungen und technischen Fortschritten.

2.2 Informatische Inhalte

Aufgrund der geplanten Einbettung in die bestehenden Stationen des Moduls „Zauberschule Informatik" [BB12] bestand bei der Wahl der Inhalte nur eine eingeschränkte Auswahl. Dabei entschieden sich die Teams für folgende informatische Themen:

Sortieren: Ziel dieser Station ist es, dass die Kinder reale Gewichte mittels einer Balkenwaage systematisch sortieren, wobei sie selbst eine Systematik entwickeln wie auch einer gegebenen folgen sollen. Die digitale Lerneinheit soll dazu beitragen, dass die Kinder die Regeln (jeweils nur ein Gewicht auf jeder Waagschale etc.) befolgen.

Wegsuche: Angelehnt an Navigationssysteme sollen die Kinder selbstständig einen – im besten Fall kürzesten – Weg von einem Start- zu einem Zielknoten ermitteln. Hierbei soll das Lernspiel dazu beitragen, dass den Kindern zurückgemeldet wird, ob ihr Weg optimal ist und wie ein mögliches optimales Vorgehen aussehen könnte.

Rucksackproblem: Die Kinder sollen einen Einblick in das Thema Optimierung erhalten, indem sie einen Rucksack so packen, dass dieser die Gewichtsgrenze einhält und dennoch den Spaßfaktor der eingepackten Gegenstände maximiert. Hier dient das Lernspiel der Abstraktion, nachdem das Szenario bereits mit realen Gegenständen ausprobiert wurde.

Fehlererkennung: Anknüpfend an einen Zaubertrick, der zu Beginn des Moduls gezeigt wird, sollen die Kinder erfahren, wie man mittels Prüfbits eine beliebige, quadratische Anordnung zweifarbiger Zettel so erweitern kann, dass ein zufälliger Fehler stets ermittelt und korrigiert werden kann.

2.3 Didaktische Herausforderungen

Aufbauend auf den existierenden Materialien wurden die Anforderungen der zu entwickelnden Applikationen abgesteckt: Das Ziel ist die *Vermittlung grundlegender informatischer Konzepte* an eine *sehr junge Zielgruppe* (Schülerinnen und Schüler der Primarstufe im Alter von 7 bis 9 Jahren). Demnach wurden *weder inhaltliche Vorkenntnisse noch Erfahrungen im Umgang mit (Multi-)Touch-Displays* als gegeben angenommen, eine zu erwartende geringe Lesekompetenz schließt lange Erläuterungstexte gänzlich aus und auch kürzere Texte sind nach Möglichkeit piktographisch zu ersetzen.

In dem Modul „Zauberschule Informatik" wird darüber hinaus auf die *kurze Aufmerksamkeits- und Konzentrationsspanne* bei Kindern im Grundschulalter Rücksicht genommen, in dem die Stationen auf 15-20 Minuten ausgelegt sind. Die Produkte des Software-Projektpraktikums sollen als digitale Äquivalente fungieren, die eingesetzt werden können, ohne dass Einfluss auf den Ablauf, den Zeitrahmen, die benötigten Vorkenntnisse oder die erreichbaren inhaltlichen Lernziele genommen wird. Eine weitere wichtige Anforderung war die motivierende, altersgerechte Gestaltung der Lernspiele. Auf weiteres Material sollte verzichtet werden.

Aus dem geplanten Einsatzszenario ergeben sich zwei weitere Anforderungen an die Lernspiele: Auf der einen Seite müssen sie *eigenständig (ohne explizite Anleitung)* spielbar und intuitiv bedienbar sein, auf der anderen Seite sollten sie die *simultane Interaktion von bis zu vier Kindern* (je nach Kontext kooperativ oder kompetitiv) unterstützen. Darüber hinaus sollen die Lernspiele den Kindern das *Arbeiten im eigenen Tempo* und angepasst an das persönliche Kompetenzniveau ermöglichen. Die wichtigste didaktische Herausforderung war die effektive Verwendung von *Feedbackmechanismen.*

Insgesamt erfolgt die Anpassung an die junge Zielgruppe während der Entwicklung zunächst durch Kommunikation untereinander wie auch mit dem Betreuerteam, wobei hier insbesondere die pädagogische Erfahrung verschiedener Teammitglieder zum Tragen kam. In einer zweiten Stufe fanden individuelle Erprobungen außerhalb der intendierten Zielgruppe statt. Den Abschluss fand das Software-Projektpraktikum in einem Testlauf unter realen Bedingungen mit Grundschulkindern im Schülerlabor.

2.4   Technische Herausforderungen

Die technischen Rahmenvorgaben der Lernprojekte leiten sich aus verschiedenen hard- und softwareseitigen Aspekten ab und begründen sich unter anderem in den bereits im Schülerlabor vorhandenen 27 Zoll großen *Multitouch-Displaypanels.* Touchscreens bringen eine intuitive Bedienbarkeit mit sich (siehe [Pe14]), ermöglichen im Gegensatz zu konventionellen Eingabemöglichkeiten wie Tastatur und Maus eine gleichberechtigte Partizipation mehrerer Mitspieler und schränken die Möglichkeiten des Entwicklers kaum ein. Darüber hinaus sind mit Tablets, Smartphones und Hybridgeräten Touch-screens bereits in viele Haushalte vorgedrungen, so dass bei Online-Bereitstellung der Ergebnisse eine sehr große Zielgruppe erreicht werden kann.

Softwareseitig fiel die Entscheidung auf eine *Implementation in HTML5 und JavaScript.* Erfahrungen aus Vorarbeiten zeigen insbesondere, dass präkompilierte Software oder der Einsatz proprietärer Entwicklungstools sowohl die langfristige Wart- und Erweiterbar-keit deutlich einschränken als auch die Hemmschwelle zur Erweiterung bzw. Anpassung der Projekte für Lehrkräfte oder Didaktiker unnötig anheben. Insbesondere Versions-wechsel bei verbreiteten Sprachen wie Java oder die auslaufende Unterstützung von Tools wie Adobe Flash und Air, Microsoft Silverlight und anderen haben hier für Probleme gesorgt. HTML5 und JavaScript sind offene, langlebige Standards. Sie werden nicht kompiliert und können somit direkt am unmittelbar ausführbaren Code bearbeitet werden, was auch der Leitidee der Open Educational Resources (OER) entspricht. Darüber hinaus ist die plattformübergreifende Ausführbarkeit grundsätzlich sicher-gestellt. Neben der Ausführung im Browser ermöglichen entsprechende Toolkits bei geringem Aufwand die Veröffentlichung als App für verschiedene mobile Endgeräte.

Sowohl HTML5 als auch JavaScript gelten jeweils als future-proof und werden unter der Prämisse „Don't break the web" wohl auch noch von vielen kommenden Browsergenerationen unterstützt werden (vgl. [Ra16], [CG12]). Bei den verwendeten Geräten handelt es sich um Multitouch-Displays mit Full HD-Auflösung im Seitenverhältnis 16:9 und einer Erfassung von bis zu zehn zeitgleichen Berührungen. Eine flexible Skalierung der Spiele auf andere Auflösungen und Seitenverhältnisse war erwünscht, um die Lernspiele auch auf anderen Endgeräten problemlos nutzen zu können. Als Zielbrowser wurde Google Chrome/Chromium definiert, da der verwendete Browser frei auf allen Plattformen verfügbar sein soll und Mozilla Firefox als Browser mit dem aktuell größten Marktanteil derzeit aufgrund eigener Touch-Gesten keine

Unterstützung für Multitouch-Content in der Desktop-Version mitbringt. Als JavaScript-Framework für Grafikdarstellung und -animation im HTML5-Canvas-Element kamen die Bibliotheken der freien CreateJS-Suite (http://createjs.com) zum Einsatz.

3 Umsetzung der Herausforderung in vier Lernspielen

Nach der ausführlichen Erörterung der Herausforderungen inhaltlicher, didaktischer und technischer Art, werden im Weiteren die Ergebnisse aus eben diesen Perspektiven reflektiert. Die verschiedenen Spiele stehen unter http://schuelerlabor.informatik.rwth-aachen.de/spp/ allen Interessierten zum Ausprobieren zur Verfügung.

Was alle Spiele verbindet ist ein *Auswahlmenü*, welches beim Start angezeigt wird, und den Spielerinnen und Spielern die Auswahl der Spielerzahl ermöglicht. Um auch unterschiedliche Kompetenzniveaus abzudecken, sind in allen Spielen verschieden schwierige *Level* und *Hilfesysteme* in Form von Tipps integriert worden. Im Weiteren werden die Umsetzungen der vier Lernspiele präsentiert, bevor diese im folgenden Kapitel reflektiert werden.

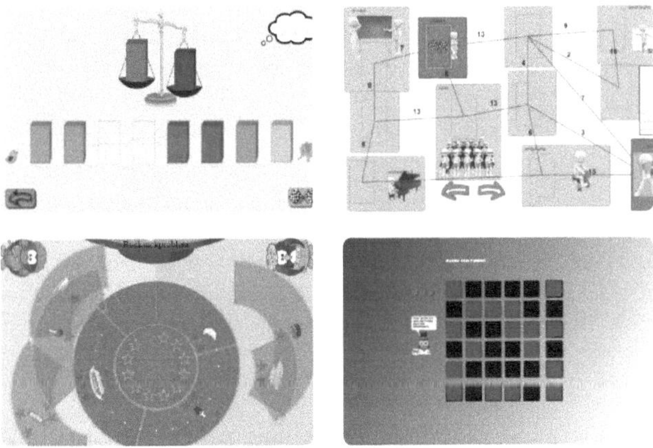

Abbildung 1: Die vier Lernspiele: a) Sortieren, b) Wegsuche, c) Rucksack und d) Fehlererkennung

Sortieren: Das Startmenü umfasst vier kindgerechte Figuren, von denen eine bis vier auf ein vorgegebenes Feld gezogen werden müssen. Nachdem die Kinder die Spielerzahl festgelegt haben, startet ein Einführungsvideo in dem drei Gewichte mittels der Waage korrekt sortiert werden. Anschließend stehen die Lernenden vor der Aufgabe diese Schrittfolge selbstständig zu wiederholen (siehe Abbildung 1a). Je nach Anzahl der Spieler teilt sich der Bildschirm, so dass jedes Kind eigene Gewichte und eine Waage vor sich sieht. Im Weiteren können die Kinder (im Team) zwischen verschiedenen Leveln wählen, wobei die Schwierigkeit über die Anzahl der Gewichte reguliert wird. Auch gibt es einen Wettkampfmodus, in dem die Anzahl der Vergleichsoperationen mitgezählt wird. In allen Modi müssen die Kinder auf ihre Mitspieler warten, so dass eine Stufe nur fortgesetzt werden kann, wenn alle Kinder ihre Reihe korrekt sortiert haben.

Wegsuche: Dieses Spiel startet mit einem, im Vergleich zu den anderen Spielen, sehr umfangreichen Einstellungsbildschirm. Neben der Spielzahl kann noch zwischen einem kooperierenden und konkurrierenden Modus gewählt werden, auch die Spielfigur und Spielerfarbe kann eingestellt werden. Anschließend öffnet sich ein abstrakter Stadtplan mit 11-29 Standorten (Knoten im Graphen), welche mit kindgerechten Orten (z. B. Schule, Schwimmbad) beschriftet und bebildert sind (siehe Abbildung 1b). Die Kantengewichte sind als Weglängen direkt an den Kanten notiert. Je nach Modus können die Kinder nun eine gemeinsame oder einzelne Figuren vom vorgegebenen Start zum Endpunkt über das Spielfeld ziehen. Im konkurrierenden Wettkampfmodus erscheint abschließend noch ein Highscore der Teilnehmerinnen und Teilnehmer.

Rucksackproblem: Der Anmeldevorgang umfasst zwei Stufen: zuerst wird durch Ziehen die Spieleranzahl gewählt, dann muss sich das Team gemeinsam für ein Szenario (z.B. Lebensmittel oder Freizeit) entscheiden. Ohne weitere Einführung stehen die Schülerinnen und Schüler vor der Aufgabe einen Rucksack optimal zu packen, wobei im ersten Level nur wenige Produkte zum Einpacken zu Auswahl stehen. Das Gewichtslimit des Rucksacks wird dabei durch Ausfüllen eines Kreisringes simuliert, der Spaßfaktor der Gewichte wird in Form von orangen Sternen im Inneren des Rucksacks dargestellt (siehe Abbildung 1c). In diesem Spiel arbeiten die Kinder immer im Team und füllen gemeinsam den Kreis (Rucksack), lediglich die Objekte werden auf verschiedene Flächen außerhalb des Kreisringes verteilt in deren Ecken auch die zu Beginn ausgewählten Figuren erscheinen.

Fehlererkennung: Dieses Spiel baut sich über 4 Einführungslevel bis zur eigentlichen Herausforderung auf. Auch hier teilt sich der Bildschirm je nach Spielerzahl, so dass jedes Kind auf einem eigenen Feld arbeitet und die Kinder bei jeder Stufe aufeinander warten. In der ersten Stufe wiederholen die Schülerinnen und Schüler noch einmal das Thema gerade und ungerade Zahlen. In der zweiten Stufe müssen Reihen aus zweifarbigen Zetteln so mit einem 6. Zettel ergänzt werden, dass die Anzahl der Zettel einer Farbe gerade ist. In Schritt 3 entsteht ein 6x6-Feld aus Zetteln zweier Farben, wobei die 6. Spalte und 6. Zeile von den Kindern selbst gelegt wird (siehe Abbildung 1 d)). In einer letzten Lernstufe werden die Teams angeleitet einen falschen (vertauschten) Zettel zu finden. Nach diesem Schritt für Schritt Einführungsmodus stellt sich den Lernenden die eigentliche Herausforderung, nämlich in einem kompletten 6x6-Feld den Fehler zu finden.

4 Reflexion

4.1 Vergleich mit vorhergehender, analoger Version

In allen vier Spielen ist es gelungen die Lernspiele inhaltlich auf die bereits existierenden Stationen anzupassen. Auch wurde über unmittelbares Feedback, optionale Tipps und unterschiedliche Level ein individuelles Lernen ermöglicht, wie es in der analogen Version nicht umsetzbar war. Insgesamt wurden die im Vorfeld beobachteten

Probleme unterschiedlich erfolgreich korrigiert:

Sortieren: Mussten die Kinder in der alten Version noch eigenständig die Regeln (z. B. nur ein Gewicht pro Waagschale) lesen und selbstständig kontrollieren, so wird ihnen dies in der digitalen Version komplett abgenommen. Auch wird die Sortierung nun automatisch auf Richtigkeit geprüft. Vorteilhaft ist weiter, dass die Kinder bei falscher Sortierung weiter arbeiten können, was mit der alten Variante des Lösungswortes unter den Gewichten nicht möglich war. Auch geht das Element des haptischen Lernens nicht verloren, da die Arbeit mit der realen Waage nach der Einführung über das Lernspiel angeschlossen werden kann.

Wegsuche: Das Hauptproblem der fehlenden Rückmeldung zu den gefundenen Wegen konnte mittels der technischen Umsetzung behoben werden, so erhalten die Schülerteams unmittelbares Feedback dazu, ob der gefundene Weg optimal ist. Auch mittels technischer Unterstützung ist es nicht möglich, die unterschiedlichen Vorgehensweisen herauszustellen und somit die selbstentwickelten Algorithmen der Kinder zu reflektieren. Für schnelle Gruppen bietet die digitale Variante die Möglichkeit das Spiel noch einmal zu spielen und dabei dank zufälliger Kantengewichte vor einer neuen Herausforderung zu stehen.

Rucksackproblem: Problematisch war in der analogen Version besonders die Einhaltung der Regeln. Dies wird den Kindern im Lernspiel abgenommen, in dem der Rucksack (Kreisring) gar nicht über die Grenze hinaus gefüllt werden kann und das System (ähnlich wie beim Spiel „Wegsuche") eine direkte Rückmeldung gibt, inwiefern die Lösung bereits optimal ist. Allerdings besteht weiter das Problem, die Aufgabe kindgerecht zu vermitteln. Im Spiel ist die Darstellung des Kreisringes und der Objekte zwar bebildert, aber sehr abstrakt, so dass das Verständnis der Aufgabe und somit der Einstieg ins Spiel nicht ohne Hilfen möglich ist. Hier ist zu untersuchen, ob durch einen Start über die realen Objekte dieser Problematik entgegengewirkt werden kann.

Fehlererkennung: Für dieses Lernspiel wurden zusätzliche Stufen eingebaut, um so die Schülerinnen und Schüler Schritt für Schritt auf die verschiedenen Herausforderungen vorzubereiten. Dazu werden die Kinder auf ihrem eigenen Wissensstand abgeholt, indem zu Beginn nur die Frage nach der geraden bzw. ungeraden Anzahl der Farbkarten steht. Dann sollen Zeilen entsprechend ergänzt werden und erst im dritten Schritt wirklich das 6x6-Muster gefüllt werden, was im bisherigen Modul direkt die erste Aufgabe war. Hier hilft den Lernenden (wie auch in den anderen Lernstationen) das direkte Feedback ihren Lernprozess zu reflektieren und verhindert so Missverständnisse und Fehlvorstellungen.

4.2 Feedback aus der Erprobung mit Grundschulkindern

Bereits im Verlauf des Semesters wurden die Ideen zur didaktischen und technischen Umsetzung der Spiele regelmäßig in der gesamten Praktikumsgruppe diskutiert. Nach etwa zwei Monaten fand der *erste interne Testlauf* statt. Die Studierenden testeten gegenseitig ihre Spiele und gaben sich Feedback. Alle Feedbackprozesse wurden durch das Betreuerteam begleitet. Zum Ende des Semesters erhielten die Entwicklerteams die Möglichkeit ihre Spiele mit *unvoreingenommenen Testerinnen und Testern* zu erproben.

Dabei gaben sowohl Mitarbeiterinnen und Mitarbeiter des Lehr- und Forschungsgebiets Informatik 9 wie auch verschiedene Schülerpraktikanten (aus Klasse 8 bis 10) ihr Feedback zu den Spielen.

Der *finale Testlauf* fand nach dem Semester mit Schülergruppen im Schülerlabor Informatik InfoSphere statt. Die Kinder meldeten sich privat (über ihre Eltern) zu den beiden Veranstaltungen an, so dass die Gruppenzusammenstellung nicht repräsentativ für eine durchschnittliche Schulklasse ist. Dennoch erhielten die Studierenden wichtiges Feedback der realen Zielgruppe.

Durch die verschiedenen Testläufe ergaben sich unabhängig des einzelnen Spiels folgende Ergebnisse:

- Alle Lernspiele laufen flüssig im Browser Chrome und ermöglichen dort die Multitouch-Funktionalität.

- In allen Spielen wurde der Mehrspielermodus erfolgreich umgesetzt, teils kooperativ, teils kompetitiv.

- Auch das zielgruppengerechte Design konnte insbesondere durch den Testlauf mit Grundschulkindern als erfolgreich umgesetzt verzeichnet werden.

- Sowohl bei den älteren, als auch speziell bei den jungen Testerinnen und Testern zeigte sich, dass durch das direkte Feedback einige Lernschritte selbsterklärend umgesetzt werden konnten. Allerdings gab es noch Stellen an denen häufiger durch Hinweise nachgeholfen werden musste oder die Lernenden erst durch mehrfaches Ausprobieren auf die richtige Idee kamen.

- Insgesamt konnte durch das automatische Feedback, die optionalen Tipps und die verschiedenen Level ein individuelles Lernen ermöglicht werden, wie es in der vorherigen analogen Version nicht möglich war. Damit wurde das Hauptziel des Software-Projektpraktikums in allen Gruppen erreicht.

Speziell im finalen Testlauf mit den Schülerinnen und Schülern der zweiten bis sechsten Jahrgangsstufe zeigte sich eindeutig, dass die Kinder gut mit den verschiedenen Spielen zurechtkamen. Dabei erwies sich auch die Vorerfahrung der Spielenden als ausschlaggebender Faktor. So konnten unterschiedliche Vorgehensweisen beobachtet werden, je nachdem ob und wenn ja welche Spiele bereits getestet waren. Im anschließenden Feedback gaben ausnahmslos alle Kinder an, Spaß beim Spielen gehabt zu haben. Auch sprudelten aus einigen Kindern zahlreiche Ideen wie die Spiele verbessert und erweitert werden könnten. Interessant waren die Beobachtungen zum Spielverhalten. So gab es Kinder, die sich bei der Station Sortieren freuten, ihr eigenes Spielfeld zu haben. Beim Spiel Wegsuche im kooperierenden Modus wurde die Konkurrenz beim Bewegen der einen Spielfigur deutlich sichtbar. Auch zeigten die Gruppen sehr verschiedene Herangehensweisen: Durchdachte und berechnete eine Gruppe erst alle möglichen Weglängen, probierten andere planlos aus. Auch die Tipps wurden sehr unterschiedlich angenommen. Häufig wurden diese genutzt, obwohl das Spiel noch gar nicht ins Stocken geriet, sondern das Ziel darin bestand den eigenen Spielfluss zu beschleunigen. Andere ignorierten diese Hilfeoption vollkommen.

Insgesamt zeigt sich deutlich, dass diese Spiele neben dem motivierenden Lerncharakter für die Kinder auch ein hohes Potential hinsichtlich lerntheoretischer Forschung mitbringen. Eben diese Forschung soll zukünftig durch den Einsatz menschlicher wie automatisierter Forschungsmethoden (neben Beobachtung der Kinder auch automatische Erfassung der Lernschritte mittels Learning Analytics) angestoßen werden. Diese Idee zur Fortsetzung werden abschließend im folgenden Kapitel dargestellt.

5   Ausblick

Als nächster Schritt ist die Verwertung der Ergebnisse aus dem Praktikum geplant: Durch Veröffentlichung der Lernspiele auf der Internetseite des Schülerlabors sollen diese einem breiten Publikum zugänglich gemacht werden. Zudem ist die Erweiterung der vorhandenen Spiele vorgesehen: Im Sortierspiel können künftig verschiedene Sortieralgorithmen angeleitet nachvollzogen werden, die Wegsuche könnte verschiedene Karten und Szenarien mit unterschiedlichem Schwierigkeitsgrad bieten und den Dijkstra-Algorithmus (auch für ältere Schülerinnen und Schüler) anschaulich vermitteln. Im Spiel zum Rucksackproblem sind verschiedene, gegebenenfalls dynamisch berechnete Itemsets denkbar. Beim Zettelzauber-Lernspiel ließe sich eine variable Hinweisdichte implementieren, mit der Lehrkräfte die Passung an die Zielgruppe selbst vornehmen können.

Das im Wintersemester 2015/2016 erstmalig angebotene Software-Projektpraktikum soll zukünftig jährlich angeboten werden. Inhalt dessen wird stets die (software-)technische Entwicklung von Web-basierten Lernspielen für Kinder, Jugendliche oder auch Erwachsene sein. Orientiert an derselben Grundidee (autonomes Lernen in kleinen Gruppen an Multitouch-Displays) werden spielerische Lernapplikationen für unterschiedliche Zielgruppen entstehen. Insbesondere wird im nächsten Durchgang ein deutlicher Fokus auf Wiederverwertbarkeit des Codes gelegt. Zudem werden von Anfang an Werkzeuge zur Internationalisierung eingesetzt, so dass die Ergebnisse auch über die Grenzen des deutschen Sprachraums hinaus verwendet werden können.

Die aktuellen Projekte haben gezeigt, dass auch bei Vorgabe der zu verwendenden Bibliotheken ein stark unterschiedliches Vorgehen der verschiedenen Gruppen zu sehr fragmentierten Ergebnissen führt. Einer der nächsten Schritte beinhaltet daher die Erstellung eines softwaretechnischen Frameworks zur Implementation künftiger Lernspiele ebenso wie die Konzeption eines didaktischen Leitfadens. In Anknüpfung an Vorarbeiten im Lehrstuhl wird hierbei ebenfalls eine Learning-Analytics-Schnittstelle integriert, die eine eingehende Untersuchung des Spiel- und Lernverhaltens der Nutzerinnen und Nutzer ermöglicht.

Neben der praktischen Umsetzung erhalten die Studierenden ab dem Sommersemester 2016 auch die Gelegenheit sich in Seminaren auf theoretischer Basis mit dem Thema „E-Learning in der (Hoch-)Schule" zu beschäftigen. So entsteht am Lehr- und Forschungsgebiet Informatik 9 der RWTH Aachen im Wechselspiel von theoretischen Hintergrundanalysen und praktischen Umsetzungen eine intensive Verbindung der Forschungsschwerpunkte „E-Learning" und „Fachdidaktik".

Literaturverzeichnis

[BB12]   Batur, F.; Bergner, N.: Grundschulkinder begeistern mit der Zauberschule Informatik. In (Thomas, M.; Weigend, M. Hrsg.): 5. Münsteraner Workshop zur Schulinformatik. Ideen und Modelle. Books on Demand GmbH, Norderstedt, 2012; S. 87–94.

[BLS11]   Bergner, N.; Leonhardt, T.; Schroeder, U.: Zauberschule Informatik - Einblick in die Welt der Informatik für Kinder im Grundschulalter. In (Thomas, M. Hrsg.): Informatik mit Kopf, Herz und Hand. Praxisband zur 14. GI-Fachtagung "Informatik und Schule" - INFOS 2011, 2011.

[CG12]   Cook, C.; Garber, J.: The Document. Foundation HTML5 with CSS3. Apress, Berkeley, CA, 2012.

[Pe14]   Peez, G.: Mit den Fingern die Welt erkunden: Ein Forschungsprogramm zur motorischen und haptischen Nutzung des Touchscreens aus Sicht der Kleinkind- und Kinderzeichnungsforschung. In Diskurs Kindheits-und Jugendforschung, 2014, 9.

[Ra16]   Rauschmayer, A.: One JavaScript: avoiding versioning in ECMAScript 6. http://www.2ality.com/2014/12/one-javascript.html, 20.03.2016.

Mit Mobile Learning von der reale Welt in die virtuelle 3D Welt und zurück - Ein Generationswechsel?

Hendrik Büdding[1]

Abstract: Virtuelle Welten sind im Informatikunterricht immer wieder ein interessanter Themenbereich um informatische Inhalte in der Sekundarstufe I zu veranschaulichen. Das liegt nicht zuletzt an der Lebenswelt der Schülerinnen und Schüler und ihren Vorerfahrungen mit informatischen Systemen für 3D Welten, die sie zur Wahl des Unterrichtsfaches Informatik anregen. In diesem Beitrag werden einige Ideen, Erfahrungen und fachdidaktische Konzepte für den Informatikunterricht im Bereich der Sekundarstufe I vorgestellt. Aktuelle Entwicklungen werden aus den Bereichen der digitalen Mediennutzung im Informatikunterricht mit Tablets und der CAD-Modellierung via textbasierter Beschreibungssprache bis hin zum 3D Druck und Möglichkeiten zu einem übergreifenden Zusammenarbeiten der beteiligten MINT-Fächer aufgezeigt.

Keywords: Schulinformatik, Informatikunterricht, digitale Medienbildung, Tablets, Smartphone, mobiles Lernen, 3D Drucker, MINT

1 Einleitung

In den vergangenen Jahren wurde immer wieder die Weiterentwicklung der Schulinformatik diskutiert und spätestens seit der ersten Version der GI Bildungsstandards für Informatik und dem neuen Kernlehrplan für das Fach Informatik vom Land NRW ist die Diskussion in unserem Land wieder aktiver denn je.

Dabei wird immer wieder kontrovers diskutiert, ob Informatische Bildung mit Medienbildung einhergehen kann oder nicht. Informatische Fachinhalte und medienpädagogische Konzepte können bei entsprechender Zusammenwirkung einen besseren Wirkungsgrad in der Schullandschaft erzielen, als wenn eine der Wissenschaften alleine agiert, wie es aktuell der Fall zu sein scheint. Diese Erfahrungen entstammen Gesprächen aus Fortbildungen, dem Schulalltag als Informatiklehrkraft, Medienpädagoge und Medienberater. Es sind das Zusammenspiel aller Anteildisziplinen und die individuelle Schwerpunktsetzung, die einen guten Informatikunterricht mit digitalen Medien ausmachen.

Informatikunterricht in der Sekundarstufe I bedeutet in diesem Fall, dass Informatik innerhalb eines Differenzierungskurses mit den Anteilsdisziplinen Informatik, Mathematik und Physik angeboten wird. Anteilig streift dabei das Fach noch Technik- und Medienerziehungsaspekte, was sich bislang positiv ausgewirkt hat. Die Verbindung von verschiedenen Fächern mit Informatik bringt den Mehrwert zur Stärkung der Informatik im MINT Fächerkanon.

---

[1] Annette-von-Droste-Hülshoff- Gymnasium Münster / WWU Münster, Hendrik.Buedding@uni-muenster.de

Am Beispiel der 2D- und 3D-Modellierung kann die Informatik als Hilfswissenschaft der Mathematik angesehen werden. Es kann aber auch eine Gleichwertigkeit beider Fächer entdeckt werden. Betrachtet man Geometriesysteme in der Informatik so muss man aufpassen, dass man diese nicht mit den herkömmlichen dynamischen Geometriesystemen, die bereits Gegenstand des Mathematikunterrichts sind, verwechselt. In den Jahrgangsstufen 7 bis 9 finden sich immer wieder Anknüpfungspunkte in der Mathematik, die sich mit Anknüpfungspunkten der Informatik im Differenzierungskurs decken. Als Beispiel aus der Mathematik sind die fachlichen Grundsätze zu benennen. Unter Punkt 7 findet man dort: „Der reflektierte und sachgerechte Einsatz digitaler mathematischer Werkzeuge (wissenschaftlicher Taschenrechner, Tabellenkalkulation, Dynamische Geometriesoftware, Funktionen-plotter) ist Gegenstand des Unterrichts. Dazu gehört auch der bewusste Einsatz von rechnergestützten und nicht rechnergestützten Verfahren. Dieser Grundsatz wird u. a. gerne im Differenzierungsbereich aufgegriffen und ein Spannungsbogen zur Erlangung informatischer Kompetenzen gebildet.

Entsprechend des Themenschwerpunktes „Informatik für Kinder" muss ein kurzer Referenzbogen zur betrachteten Gruppe, den Kindern, hergestellt werden, da man sich hier nicht auf ein Schultyp oder eine Klassenstufe in der Schulinformatik festlegt. Für eine bessere Verortung und Relation des in diesem Artikel vorgestellten informatischen Projektes aus dem Regelunterricht der gymnasialen Sekundarstufe I (Differenzierungskurs der Stufe 8 und 9) wäre somit ein kurzer Exkurs in die Definitionsbeschreibung Kind nötig. Was sind Kinder?

2 Kinder oder junge Mensch

Betrachtet man den Begriff Kinder aus entwicklungspsychologischer Sicht, so fokussieren sich die Lebensjahre vom zweiten (beginnendes Kleinkindalter) bis zum 14 Lebensjahr (späte Kindheit) [BR08].

Verortet man die Betrachtung auf die politische Ebene, so besagt z. B. die UN-Kinderrechtskonvention (Übereinkunft), dass Kinder Menschen sind, die das 18. Lebensjahr noch nicht abgeschlossen haben.

Im deutschen Recht kann man einige Gesetzbücher finden, wonach das Kind im Allgemeinen unterschiedlichen Altersstufen angehört. Beispielsweise sind Kinder nach dem § 8 SGB VIII, „wer noch nicht 14 Jahre alt ist" (§ 7 Abs. 1 Nr. 1 SGB VIII) und somit gehören sie zu den im SGB VIII definierten „jungen Menschen".

Dieser Beitrag konzentriert sich auf Kinder bzw. junge Menschen, die die Sekundarstufe I eines Gymnasiums besuchen.

3 Einsame Informatiklehrkraft oder gehypter Medienwart

Inspiration durch Alltagserfahrungen und die Entwicklung von kreativen Algorithmen zur Lösung informatischer Probleme bilden, neben intrinsischer Motivation, die Basis eines ansprechenden Informatikunterrichts für Kinder.

Um dies von schulischer Seite zu gewährleisten, müssen für die Lehrkraft entsprechende Lernwerkzeuge und Lerngegenstände im Bereich der Soft- und Hardware vorhanden und praktikabel im Unterrichtsalltag nutzbar sein. Zusammen mit diesen Voraussetzungen müssen Lehrkräfte regelmäßig auf den aktuellen Stand der Lehr- und Lernmethoden, der Mediennutzung und der aktuellen Themen und Lehrmittel aus wissenschaftlicher Sicht fortgebildet werden, um einen zeitgemäßen Unterricht im Hinblick auf die zukünftigen Entwicklungen anbieten zu können.

Dabei müssen Fortbildungen sich an den Alltags-/Unterrichtsbedürfnissen der Lehrkräfte orientieren, verstärkt praxisspezifisch entsprechend der Landesvorgaben angeboten und zielgruppenspezifisch ausgearbeitet und beworben werden.

Häufig fehlt an Schulen eine außer- und innerschulische Vernetzung der „kleinen" Informatikfachschaften. Schulinterne Fortbildungen (SchiLF) können häufig für Informatik-Fachschaften auf Grund ihrer Fachschaftsgröße nicht angeboten werden und regionale, externe Lehrerfortbildung (ScheLF) erreichen oftmals auf Grund der fehlenden oder fehlerhaften Vernetzung nicht die Fachschaftsmitglieder. Somit müssen die Lehrkräfte verstärkte Anreize, auch von Seiten der Schulleitungen und Fach-/Dezernenten, erhalten, sich intensiver zu vernetzen, Fortbildungen verstärkt wahrzunehmen, Nachqualifizierungsmaßnahmen zu nutzen bzw. Freistellungen zu erleichtern.

Sicher ist es auch von Seiten des Landes und der Bezirksregierungen erstrebenswert, Informatik als Fach in der Sekundarstufe I und II zu stärken. Neben der kompetenzorientierten Unterrichtsentwicklung, sollte auch eine engere Verzahnung mit der Medienerziehung und -nutzung angedacht und ggf. vorangebracht werden, um Medienerziehung und Informatik im Sekundarstufen-I-Bereich weiter zu forcieren. Anknüpfungspunkte zu den Kernlehrplänen sind viele vorhanden, ein gutes Beispiel ist der Medienpass NRW.

Es muss eine stärkere Aufwertung des Fachs Informatik im Sekundarstufenbereich I im Rahmen der naturwissenschaftlichen Schwerpunktsetzung, der Medienerziehung und von MINT-Aktivitäten dringend stattfinden.

4   Informatik wo und wann du willst - Vorerfahrungen

Die Differenzierungskurse der Klassen 8 und 9 bringen bislang nach eigenen Erfahrungen aus dem Unterrichtsalltag bei der Nutzung digitaler Medien wenig Kompetenzen im Bereich der Informatik mit. Somit bildet ein rudimentäres, grundlegendes Wissen über Medien und IT das Fundament. Erstes Anwendungswissen aus dem Bereich der stationären Nutzung digitaler Medien sind grundlegende Kompetenzen im Bereich der Internetnutzung, Textverarbeitung, Präsentationserstellung und Tabellenkalkulation. Dieses Wissen wurde seit der fünften Klasse über alle Fächer entsprechend der fachlichen Curricula hinweg mehr oder weniger entwickelt. Im

Differenzierungskurs wird dies im ersten Halbjahr der 8. Klasse thematisiert und mit informatischen Konzepten und der nötigen Fachsprache vertieft. Da die stationäre ebenso wie die mobile Hardware und Softwarebasissysteme sicher beherrscht werden, stellt sich die Frage: Kann man die informatischen Inhalte heute auch mit anderen Geräten als mit stationären Systemen in einem Computerraum bewerkstelligen?

Nach den Erfahrungen mit schulischen Pilotprojekten und Projekten innerhalb der Schülerakademien SAMMS und SMIMS kann man diese Frage mit einem entschiedenen „Ja" beantworten ([Bh06]-[Bh08]).

Es wird für das Projekt ein Breitband-Netzwerkzugang (LAN/WLAN) genutzt, um mit dem schuleigenen Lernmanagmentsystem (Moodle) innerhalb und außerhalb der Schule kooperativ zu arbeiten und binnendifferenziert zu lernen. Über www.schulen-intern.de werden Materialien angeboten und Schülerlösungen gespeichert bzw. ausgetauscht und diskutiert. Somit sind alle Daten auf allen Systemen für SuS, aber auch Lehrkräfte transparent verfügbar. Neben Zeiten im „stationären" PC Raum wurden vermehrt auch Tablet-Sets genutzt. Dabei arbeiten die SuS auch gerne neben dem Forum von Moodle mit EtherPad Varianten, wie LearningLabPad[2] TitanPad, EduPad oder ZUMpad. Ziel ist es bei allen Unterrichtsmaterialien, dass der Unterricht möglichst ressourcenschonend und somit kostengünstig bzw. kostenfrei gestaltet werden kann. Somit können auch sozial bzw. finanziell Benachteiligte möglichst chancengleich unterrichtet werden.

Dann hat eine erste Einführung in die Programmierung u.a. mit Lightbot begonnen.

4.1   Lightbot: Code Hour

Lightbot ([Bh06]-[Bh08]) diente dabei der spielerischen Einführung in die Entwicklung von ikonischen Lösungsalgorithmen, bei denen eine kleine Roboterfigur verschiedenen logische Rätsel bzw. Aufgaben lösen muss. Der spielerische Einsatz begeisterte die SuS sehr und motivierte sie zur Entwicklung „echter" Robotik-Systeme mit dem LEGO® MINDSTORMS® EV3.

4.2   LEGO® MINDSTORMS® Programmer

Die EV3-Robotersysteme wurden nach einer kurzen Anleitung selbst gebaut und individuell weiterentwickelt. Entsprechend der verschiedenen Aufgabenstellungen mussten die Roboter dann mit passenden Sensoren ausgestattet und programmiert werden. Dabei haben die SuS die grundlegenden Programmstrukturen kennen und nutzen gelernt. Für die ikonische Programmierung, mit der die grundlegenden Programmierstrukturen erlernt wurden, wurde der LEGO® MINDSTORMS® Programmer[3] eingesetzt.

Nach diesem Projekt mit Dokumentation und Präsentationsphase wurde in der Vergangenheit der Ruf nach einer textuellen Programmierung lauter. Die SuS arbeiteten

---

[2] http://pad.learninglab.de/, 1.03.2016.
[3] https://play.google.com/store/apps/details?id=com.lego.mindstorms.ev3programmer, 1.03.2016.

sich in die Seitenbeschreibungssprache HTML ein und erweiterten das Wissen mit CSS, um eigene Internetseiten zu entwickeln. Dazu nutzten sie auf PC und Tablet jeweils die Online-HTML-Editoren Cssizer.com[4] und Scratchpad.io[5], alternativ Quackit[6], Onlinehtmleditor[7] und HTML instant[8], die HTML-, CSS- und ein entsprechendes direktes Zusatzfenster für die Live-Interpretation bzw. Darstellung im Browser besaßen.

Sie erkannten bei dieser Unterrichtseinheit die Unterschiede zwischen einer Seitenbeschreibungssprache und den Kontrollstrukturen etc. einer Programmiersprache.

Über das Zeichenprogramm zum Zeichnen mit und von 2D-Objektstrukturen mittels Object-Draw[9] ging es weiter mit der einfach gehaltenen objektorientierten Sprache mit Entwicklungsumgebung namens EOS[10]. Alternativ wurde Scratch[11] genutzt, welches auch direkt online, ohne Installation genutzt werden kann. Soweit die Hinführung und die Voraussetzungen der SuS.

5 Textuelles Programmieren und CAD am PC

Die SuS haben somit die verschiedenen Hardwaresysteme, mobile und stationäre, mit verschiedenen Betriebssystemen genutzt und schätzen gelernt. Während der Robotik Reihe, hatten die SuS bereits Kontakt mit dem LEGO® Digital Designer. Mit dieser CAD Software (computer-aided design) hatten sie ihre interaktiven Bauanleitungen modelliert bzw. konstruiert. Somit waren die Aspekte von 2D und 3D Welten unterschwellig fokussiert worden.

5.1 POV-Ray

Nun sollten die Programmierung von virtuellen 3D-Welten fokussiert werden und dazu wurde POV-Ray[12], ein Ray-Tracer (Computergrafikprogramm für dreidimensionale Grafiken.), eingesetzt. Die SuS erlernten die Szenen-Beschreibungssprache (Scene Description Language, SDL), deren Syntax ähnlich der Programmiersprachen C und C++ ist. Sie entwickelten mittels Code aus geometrischen Grundkörpern komplexe Szenen-Modelle, wie Häuser, Straßenzüge, Viertel und ganze Städte und lernten vertieft die Verwendung von Klassen und Objekten.

Durch den Nachbau unseres Schulgebäudes und Stadtviertels in POV-Ray kam der Wunsch auf, dies auch mittels 3D-Drucktechnik auszudrucken und für unsere blinden SuS, ähnlich den Innenstadtabbildungen auf Schlossplatz und Domplatz, erfahrbar zu machen. Da POV-Ray zurzeit nicht mehr weiter entwickelt wird, wurde nach

---

[4] http://cssizer.com/, 1.03.2016.

[5] http://scratchpad.io, 1.03.2016.

[6] http://www.quackit.com/html/online-html-editor/, 1.03.2016.

[7] http://www.onlinehtmleditor.net/, 1.03.2016.

[8] http://www.htmlinstant.com/, 1.03.2016.

[9] http://www.pabst-software.de/doku.php?id=programme:object-draw:start, 1.03.2016.

[10] http://www.pabst-software.de/doku.php?id=programme:eos:start, 1.03.2016.

[11] https://scratch.mit.edu/projects/editor/?tip_bar=getStarted, 1.03.2016.

[12] http://www.chip.de/downloads/POV-Ray_12990492.html, 1.03.2016.

Alternativlösungen gesucht, um die Impulse der SuS zu berücksichtigen und mit den Inhalten und zu erwerbenden Kompetenz im Bereich Informatik in Einklang zu bringen.

5.2   OpenSCAD

Die Wahl fiel nach einer längeren Softwareevaluationszeit auf OpenSCAD[13], einem kostenlosen CAD-Programm, das 3D-Modelle aus Skripten generiert und eine Exportschnittstelle für 3D-Drucker (u.a. stl-Fomat) beinhaltet. Nach einem interessanten Vortrag von Prof. Dipl.-Ing. Klaus Knopper und seinen Übersichts-Materialien[14], wurde mit der Portierung der Reihenmaterialien aus POV-Ray begonnen und für Linux und Windows Systeme vorbereitet. Das anfänglich wenig umfangreiche deutsche Material wurde mit vielen Impulsen[15] aus dem angloamerikanischen Sprachraum angereichert.

Abb. 1: OpenSCAD Implementation auf dem PC [AB01]

An dieser Stelle wünscht man sich als Informatik Lehrkraft oft eine zentrale Instanz, die ein Anreiz- und Change-Management betreibt und eine zielgerichtete Kooperation zur innovativen, praxisnahen Materialentwicklung, sowie zum aktiven Austausch und der regelmäßigen Materialweiterentwicklung unter Lehrkräften anregt (ähnlich dem Moodle-Kurs für den Zertifikatskurs Sek. I in Informatik der Bezirksregierung Münster.)

6   Textuelles Programmieren und CAD am Tablet

Um die verstärkte Verbreitung mobiler Endgeräte für den Unterricht zu nutzen und ggf.

---

[13] http://www.chip.de/downloads/OpenSCAD_62847931.html, 1.03.2016.

[14] http://www.knopper.net/bw/gdi/OpenScad.pdf, 1.03.2016.

[15] https://en.wikibooks.org/wiki/OpenSCAD_User_Manual/First_Steps, 1.03.2016.

das „Nichtvorhandensein" eines PCs oder Laptops zu kompensieren, wurde im nächsten Schritt die Nutzung von Tablet-Computern mit einem Android-Betriebssystem[16] für diese Reihe geplant und konzipiert. In der kooperativen Lerneinheit, unterstützt durch Moodle, kam dabei das erweiterte Windrosenprinzip zur Gruppenbildung von J. Aldehoff und H. Büdding in Anlehnung an P. Blomert und N. Green zum Einsatz.

6.1   123D Catch und Memento

Die SuS begannen nach einer Brainstorming-Phase mit der Idee, die Annette-von-Droste-Hülshoff Büste unserer Schule und der nahen Burg Hülshoff zu digitalisieren und im Rahmen eines Katalogs für Münsteraner Restauratoren zu erfassen und zu verarbeiten. Die SuS erfassten neben der Büste noch weitere Büsten in Münster mittels Fotos von allen Seiten und erstellten daraus eine skalierbare 3D Kopie. Die erfassten Daten könnten im Notfall bei einer Restauration verwendet werden bzw. man könnte detailgetreue Kopien mittels 3D Drucktechnik z.B. als Schlüsselanhänger o.ä. erzeugen. Zur Erzeugung der 3D-Mesh-Daten nutzten die SuS die Software 123D Catch[17] bzw. Autodesk Memento[18]. Da die Qualität der digitalen Fotos entscheidend für die Mesh-Daten waren, erkannten die SuS, dass Sie eine Software brauchten, um 3D Daten selbst zu erzeugen und optimierte druckbare Objekte zu modellieren.

Abb. 2: Memento 3D-Mesh aus 60 Fotos [AB02]

---

[16] Im Projekt (http://www.i-dbnd.de/) wurden Samsung Tablets (Galaxy Note 10.1 Version 2014) und der 3D-Drucker Ultimaker 2 verwendet

[17] https://play.google.com/store/apps/details?id=com.autodesk.Catch, 1.03.2016.

[18] http://memento.autodesk.com, 1.03.2016.

Das Gestalten eigener 3D-Objekte mittels Grafikverarbeitungsprogrammen erschien den SuS naheliegend.

6.2   3DTin

Zuerst sichtete eine Gruppe die browserbasierte Software 3D Tin[19], mit der die SuS schnell Objekte Freihand zeichnen konnten, aber eine genaue und zuverlässige Konstruktionsmöglichkeit fehlte.

6.3   3D Creationist - 3D modeling

Eine zweite Gruppe setzte auf den mobilen Endgeräten die Software namens 3D-Creationist[20] [21] ein, mit der schnell einfache Objekte freihändig gezeichnet wurden. Aber auch in dieser SuS-Gruppe fiel schnell die Ungenauigkeit der Konstruktionen auf.

Nach einer Phase des Gedankenaustausches wurde ein Softwareanforderungskatalog formuliert, der ähnlich dem von POV-Ray war.

6.4   Povray mit Termi

Daraufhin wurde Povray mit Termi[22] auf den Tablets erprobt. Aufgrund der komplizierten Nutzung der Software wurde dies schnell verworfen. Die SuS fanden dann zwei Produkte, die kooperativ erprobt wurden.

Dabei sollte der Dom zu Münster in den Grundzügen proportional nachgebaut werden.

6.5   Scorch CAD

Eine Gruppe der SuS nutzte Scorch CAD[23] [24] und entwickelte damit die erste Version des Doms. Die großen Fenster- bzw. Arbeitsbereiche sind dabei praktisch und übersichtlich, jedoch muss man immer zwischen dem Ansichts- und Konsolenfenster mit der Fehlerausgabe umschalten.

6.6   SCADwalk 3D CAD

Eine zweite Gruppe arbeitete mit SCADWalk 3D CAD[25]. Auch sie entwickelten erfolgreich Modelle des Doms und fanden bei Ihrer Arbeit die Usability der Software ansprechender. Da SCADwalk in seiner Bedienung näher an der intuitiven Bedienung

---

[19] http://www.3dtin.com/, 1.03.2016.
[20] http://3dcreationist.com/app/, 1.03.2016.
[21] https://play.google.com/store/apps/details?id=com.tdcp.threedc, 1.03.2016.
[22] https://play.google.com/store/apps/details?id=com.povray, 1.03.2016.
[23] https://play.google.com/store/apps/details?id=com.scorchworks.scorchcad, 1.03.2016.
[24] http://scorchworks.com/ScorchCAD/scorchcad.html, 1.03.2016.
[25] https://play.google.com/store/apps/details?id=net.a_z_ia.scadwalk, 1.03.2016.

von OpenSCAD anknüpft, entschied sich die Gesamtgruppe nach dem Austausch der Erfahrungen auch im weiteren Projektverlauf damit zu arbeiten.

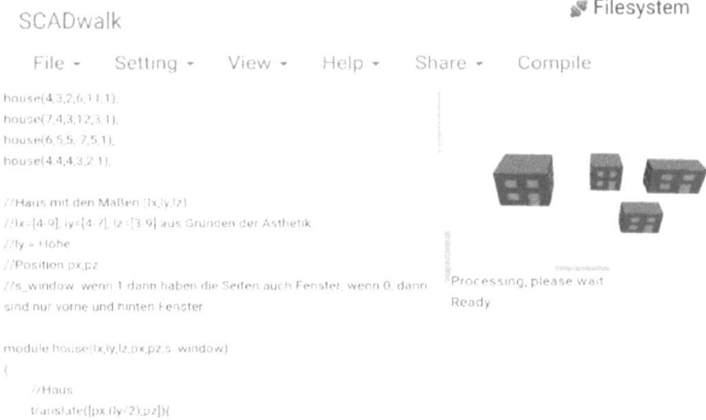

Abb. 3: OpenSCAD bzw. SCADwalk Implementation auf dem Android Tablet [AB03]

Diese Entscheidung fiel, trotz einzelner Probleme, eindeutig aus. Im Gegensatz zu der PC Version hat die SCADWalk Version u.a. an einigen Stellen Probleme gehabt, große Berechnungen durchzuführen und Arrays zu verarbeiten.

Inspiriert von Impulsplakaten eines Oberstufenkurses, entwickelten die SuS der Jahrgangsstufe 8 und 9 Häuser und einzelne Straßenzüge mit öffentlichen Gebäuden. Auch sie entwickelten Lehr- und Lernplakate, sowie Präsentationen für den „Tag der offenen Tür" der Schule. Interessant war, dass viele Programmierungen und Medienprodukte zwischen Schulunterricht und daheim, z. B. in Freistunden oder der Mittagspause entstanden. In Anbetracht des Zeitfensters für das Unterrichtsprojekt wurden in den Jahrgangsstufen 8 und 9 die Modelle programmiert und die 3D-Druckdateien generiert. Da bislang die Ausdrucke in einer hohen Qualität 60-90 Stunden je Szenario dauern, wurden pro Gruppe nur 1-2 Konstruktionen gedruckt, da nur ein 3D-Drucker bereit stand. Die SuS stellen dafür auf ihren Tablets die 3D Objekte für eine Abstimmung bereit und so entschieden die jeweiligen Kursteilnehmer, was als erstes gedruckt werden sollte.

7   Fazit

Informatik für Kinder muss mit der Zeit gehen und die zeitlosen informatischen Konzepte an aktuelle Lebensweltbezüge der SuS anknüpfen. Dies ist möglich und sinnvoll, da die Informatik im ständigen „Wahlkampf" zu anderen Fächern im Differenzierungsbereich steht. Die Wichtigkeit der zu vermittelnden Kompetenzen bzw. Hard- und Softskills durch dieses Fach sind fundamental für unsere Gesellschaft. Um nicht als Nischenfach in der Bedeutungslosigkeit zu verschwinden, brauchen wir

Aktualität und die Portierung der informatischen Inhalte in ein neues System. Die Integration von mobilen Endgeräten wie Tablets als Lernwerkzeug in ein Unterrichtskonzept zuzulassen, sollte zeitnah in allen Themenbereichen angestrebt werden.

Vielleicht gehört die Technik des 3D-Druckens bald zu den Kulturtechniken, ähnlich wie das Malen, Schnitzen, Schreiben und Lesen. Daher sollte die Technik des 3D-Druckens, die eine Symbiose mit informatischen Systemen darstellt und die Schüler sehr fasziniert, informatisch weiter aufgearbeitet und vertieft thematisiert werden, um mit praktischen Konzepten innerhalb der Schulinformatik dies nachhaltig zu integrieren und weiter reifen zu lassen.

Kinder, egal welchen Alters und Geschlechts, haben Spaß an informatischen Inhalten und sind sehr an der Nutzung von mobilen, digitalen Medien interessiert, auch innerhalb des Informatikunterrichts!

Literaturverzeichnis

[QU15a]   QUA-LiS.NRW: Lehrplannavigator – Kernlehrpläne für die Sekundarstufe I
          http://www.schulentwicklung.nrw.de/lehrplaene/lehrplannavigator-s-i/

[QU15b]   QUA-LiS.NRW: Beispiel für einen schulinternen Lehrplan Gymnasium –
          Sekundarstufe I (G8) Mathematik, Soest, Düsseldorf, 2015.

[BR08]   Brockhaus: http://www.brockhaus.de/infothek/infothek_detail.php?nr=12141,   New
          York 2008. Noah & Sons, San Francisco, S. 46-53, 2008.

[Bh06a]   Büdding, Hendrik: Entwicklung einer softwaregestützten Unterrichtsevaluation im
          Gesamtkontext des Einsatzes von mobilen Endgeräten im Informatikunterricht
          erschienen in 3. Workshop der GI-Fachgruppe "Didaktik der Informatik", Köllen
          Druck+Verlag GmbH, Bonn, S. 17-28, 2006.

[Bh07a]   Büdding, Hendrik: Einführung in die Programmierung von LEGO NXT Robotern
          unter Verwendung von Handheld Computern, in Reihe Medienwissenschaften des
          Universitätsverlags Siegen – universi, Band 6, Siegen, S. 23-24, 2007.

[Bh07b]   Büdding, Hendrik: Mobiles Lernen unter Verwendung von Handheld Computern im
          Bereich der Schulinformatik, erschienen in Informatische Bildung in der
          Wissensgesellschaft, S. 7-16, 2007.

[Bh08a]   Büdding, Hendrik: Informatik goes mobile - Einsatz Mobiler Endgeräte als
          Lernwerkzeug im Informatik-Unterricht, erschienen in ZfL-Texte Nr 23: Interesse
          wecken und Grundkenntnisse vermitteln, Münster, S. 103-112, 2008.

Physical Computing für Kinder

Andreas Flemming[1], Kerstin Strecker[2]

Abstract: In diesem Beitrag soll der aktuelle Stand der Entwicklung einer Lernumgebung vorgestellt werden, in der ein methodisches Konzept in Kombination mit geeigneter Hard- und Software einen Einstieg in die Entwicklung eigener kleiner Programme für Kinder im Grundschulalter ermöglicht. Der Kontext „Steuern und Regeln" fördert darüber hinaus händisches Arbeiten und technisches Verständnis.

1 Einleitung

Ausgangspunkt der Überlegungen, die in diesem Artikel zusammengefasst sind, sind die guten Erfahrungen, die im Rahmen eines Schulversuchs mit der „Automatisierung realer Miniwelten als Einstieg in die Algorithmik" [LBZ16] gemacht wurden. Auch die Ergebnisse der Arbeiten von Modrow, Wolff und von Trotha [MWT11] in der Grundschule zeigen die Wirksamkeit der Automatisierung einer Miniwelt mit altersentsprechendem Kontextbezug, einfach zu verwendender Hardware und geeigneter Programmierumgebung. Der allgemeinbildende Wert und die Motivation, die sich aus dem Gebiet „Steuern und Regeln" ergibt, werden in [St09], [MS11] und [St11a] beschrieben.

In [St11] wird u.a. im Rahmen dieses Konzeptes eine Lego-Stadt beschrieben, die in der Mitte des Klassenraums den Rahmen der entstehenden Schülerprodukte bildet. Einzelne Schülergruppen entnehmen der Stadt jeweils eine Komponente (Haus, Eisenbahn-schranke, Riesenrad,…) und automatisieren sie mit Hilfe von Sensoren und Aktoren (hier: Lego-WeDo und der zugehörigen Software). Nach erfolgreicher Programmierung werden Sensoren und Aktoren in die Stadt integriert und die Programme laufen gelassen, die algorithmisch aus einfachen bedingten Befehlen bestehen: „Wenn sich der Wert des Entfernungssensors ändert (Zug naht), dann schalte für kurze Zeit den Motor an (Schranke schließt sich)".

Der Kontextbezug der Miniwelt ermöglichte den Schülerinnen und Schülern selbst Aufgabenstellungen zu finden. Die Aufgabenstellung war also bewusst offen gehalten. Durch die vorhandenen Sensoren und Aktoren und die Miniwelt wurde die Wahl der Aufgaben auf umsetzbare Probleme beschränkt. Beispiel: Durch das Vorhandensein eines Motors kamen die Schüler auf Ideen, deren Umsetzung die Ansteuerung eines Motors beinhaltete. Der Kontextbezug im Informatikunterricht (hier integriert durch die Miniwelt) wird in [St14] begründet.

Als Ergebnisse der Praxiserfahrungen mit der „Automatisierung realer Miniwelten" halten wir in Bezug auf den Kontext folgende Dinge fest:

---

[1] Felix-Klein-Gymnasium Göttingen, andreas.flemming@fkggoettingen.de
[2] Hainberg-Gymnasium Göttingen, kerstin.strecker@gmx.de

- Offene / eigene Aufgabenstellungen fördern den anschließenden Produktstolz auf die Ergebnisse.

- Das Hineindenken in die Miniwelt scheint eine wesentliche Komponente zu sein. Ein Riesenrad beispielsweise wurde von einer Schülergruppe erst dann gebaut, als die Lehrer noch Lego-Figuren besorgten, die vergessen worden waren. Denn welche Stadt braucht schon ein Riesenrad, wenn niemand dort wohnt?

- Das Bauen mit Lego scheint sehr motivierend zu sein und hat bei Grundschulkindern zeitlich gegenüber der Beschäftigung mit der Programmierung überwogen.

- Die Miniwelt stellt Lehrer vor einige praktische Probleme, wenn sie vor dem Unterricht mit in die Klasse und danach wieder aus der Klasse mitgenommen werden muss. Ebenso stellt sich die Frage der Lagerung.

Bei der Struktur der Algorithmen mit Grundschulkindern zeigte sich: Die entstandenen Schülerprogramme bestanden stets aus Befehlsfolgen, die durch bedingte Befehle gebildet wurden: „Über-/Unterschreitung eines Sensorwertes -> Ansteuerung eines Aktors"

Für die Programmierumgebung ergaben sich aus den Beobachtungen der Schüler und Überlegungen aus [St11], [St11a], [St09], [MS11] und [MMS11] folgende Anforderungen. Die Programmierumgebung

- sollte keine Syntaxfehler zulassen und immer lauffähige Produkte erzeugen.

- sollte intuitiv zu bedienen sein.

- sollte nur sehr wenige und nur die absolut notwendigen Befehle enthalten.

- sollte das beliebige Kombinieren von Befehlen ermöglichen, wobei als Mittel der Kombination die Hintereinanderausführung und die bedingte Ausführung in diesem Zusammenhang ausreichend erscheint.

- sollte ein Austesten der Befehle vor der Verbindung zu einem Programm durch Anklicken o.ä. ermöglichen.

- sollte nur Befehle enthalten, die so benannt sind, dass sie ihre Auswirkung erkennen lassen, z.B. „schalte Motor an".

Die Kombination aus Miniwelten, der einfachen Programmstruktur, der Offenheit der Aufgaben und der verwendeten Programmierumgebung zeigte Erfolg. Alle Schüler einer Grundschulklasse haben erfolgreich einen Einstieg in die eigenständige Programmentwicklung gefunden.

Dabei schien die Handhabung der Miniwelt aber nicht immer praktisch. Zudem sollte die Auswahl der Sensoren und Aktoren erweitert werden, ohne die Komplexität der Programmierumgebung zu erhöhen, und sie sollte kostengünstig sein.

Es wurde und wird also versucht, eine Lernumgebung zu entwickeln, die eine praktisch zu handhabende Lösung für die Miniwelt beinhaltet und einen Vorschlag für Hard- und Software liefert, der die beschriebenen Vorteile anderer Programmierumgebungen beinhaltet und auf die Auswahl der Sensoren und Aktoren der Autoren zugeschnitten ist.

2 Das Konzept

2.1 Miniwelt

Statt einer Miniwelt werden bei diesem Konzept jeweils Kisten an die einzelnen Schüler ausgegeben. In den Kisten befinden sich aktuell eine Box mit Arduino, ein USB-Kabel und ein Steckernetzteil. Es gibt zwei Lichtsensoren, einen Temperatursensor, zwei Taster und ein Potentiometer. Auf der Aktoren-Seite finden sich zwei helle LEDs für Lichtschranken (es reicht aber oft das Tageslicht), vier farbige LEDs, ein Lautsprecher und drei Verlängerungskabel. Auf Motoren wurde in der ersten Version verzichtet.
Weiterhin befinden sich in den Kisten zwei Figuren und ein kleines Fahrgestell. Dazu kommt eine Kiste mit Lego-Duplo-Steinen. Die Idee ist, dass die Kinder durch das Bauen mit Lego ihre eigene kleine Miniwelt ganz nach ihren Vorlieben erschaffen, die sie später automatisieren. Einfache Steuerungsaufgaben, z. B. ein Polizeiauto mit blinkendem Blaulicht und Sirene oder eine Ampelsteuerung, sowie einfache Regelungsaufgaben, z. B. eine Lichtschranke, die als Bewegungsmelder dient und das Hauslicht anschaltet oder einfach nur das Anschalten der Lampen in einem Haus per Schalter, sollen entstehen. Das Ziel, dass nicht nur einzelne Exponate nach Bauplan nachgebaut und automatisiert werden, sondern der Kontext selbst erfunden wird, soll durch eine Auswahl an gegebenen Elementen gefördert werden. Vorstellbar sind fertige Lego-Duplo-Häuser, Tiere, Zaunelemente, Schranken uvm. Auf der anderen Seite sollen diese Elemente aber auch unterschiedlich einsetzbar sein. Mit Figuren und einem Fahrgestell ist ein Anfang gemacht. In der nächsten Zeit gilt es zu beobachten, welche eigenen Miniwelten und Geschichten die Schüler um ihre Programmierung herum erfinden, oder ob der Kontextbezug möglicherweise sogar verloren geht, wenn Elemente, die die Phantasie anregen, fehlen. Damit der Aspekt des Kontextbezugs und damit der Zweckbezug des Ganzen nicht in den Hintergrund tritt, muss herausgefunden werden, welche weiteren Elemente in der Kiste hilfreich sein könnten.

2.2 Hardware

Hier wurde auf den Arbeiten aus [MWT11] aufgebaut. Der aktuelle Stand präsentiert sich wie folgt:
Es gibt eine Box, die einen Arduino enthält. Die Anschlüsse für USB und ein Steckernetzteil sind freigelegt. Die Sensoren und Aktoren lassen sich über 2,6mm-Zwergenstecker anschließen. An die Box lassen sich bis zu vier Sensoren anschließen. Das Design der Box (Fühlen, Denken, Steuern) soll den Informationsfluss zeigen. Jede Box hat noch einen Bluetooth-Adapter verbaut.
Um die Sensoren einfach zu halten, wurden Spannungsteiler mit einem 4,7 kΩ-Widerstand in die Box integriert. Ein Lichtsensor enthält somit nur noch einen passenden Fotowiderstand. Weitere Sensoren sind Taster, Drehregler und Temperatursensoren mit einem schlichten NTC.
Als Aktoren kann man LEDs in verschiedenen Farben und Helligkeiten, Lautsprecher und Motoren anschließen. Die Anschlüsse für die Aktoren sind mit PWM-Pins verbunden, so dass man auch unterschiedliche Helligkeiten einstellen kann.

Normalerweise kann ein USB-Anschluss die Box mit einigen LEDs und einem Lautsprecher gut versorgen. Ist die Last z.B. durch die für später vorgesehenen Servomotoren zu hoch, kann man ein Steckernetzteil unterstützend anschließen. Die Anschlusskabel sind ca. 50cm lang, für Notfälle liegen den Kisten noch Verlängerungskabel bei.

Abb. 1: Arduinobox

Der erste Unterricht in Grundschulen zeigt, dass das System intuitiv bedient werden kann. Ob die Auswahl an Sensoren und Aktoren geeignet ist, müssen die Beobachtungen und Befragungen der Kinder zeigen. Diese Auswahl steht natürlich im engen Zusammenhang mit der jeweiligen Miniwelt.

2.3   Software

Die Software, also die „Programmiersprache" für die Kinder, ist noch in der Einwicklungsphase. Im Folgenden wird die aktuelle Variante beschrieben, die derzeit getestet wird:
Nach der Verbindung mit der Box sehen die Schüler einen Bildschirm, der dem Design der Box nachempfunden ist (Abb. 2). Links unter den Sensoranschlüssen kann man die aktuellen Sensorwerte sehen. Diese wie auch die Werte für Ausgaben sind immer auf den Bereich 0 bis 100 skaliert. Auf der rechten Seite kann man unabhängig vom Programm Werte einstellen. Man hat hier sozusagen eine kleine „Fernbedienung".
In der Mitte ist Platz für zwölf Befehle. Die Befehle können durch Anklicken verändert werden. Ein Befehl kann immer (z.B. das Warten und Schalten einer Lampe beim Blinken) oder abhängig von einer Bedingung (z.B. Dämmerungsschalter) ausgeführt werden. Im Umkehrschluss heißt das, dass zu einer Bedingung genau ein Befehl gehört. Das vereinfacht das Programm, macht einige Szenarien (z.B. Fußgängerampel mit Taster) aber auch schwierig. Die Limitierung auf zwölf Befehle erlaubt es, das Programm immer komplett darzustellen. Umfangreichere Programme wurden bisher nicht gebraucht.

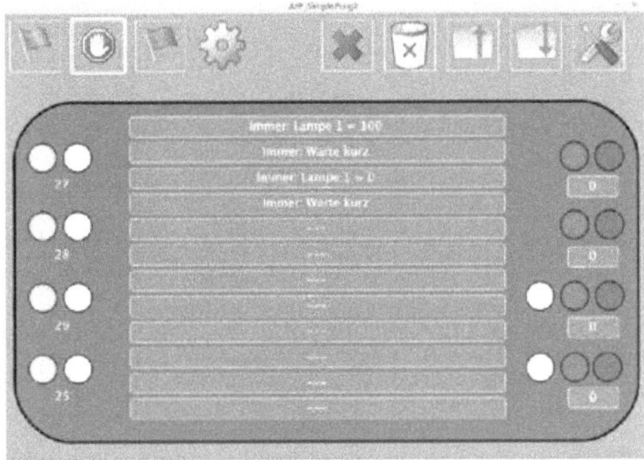

Abb. 2: screenshot Software

Die Software selbst wurde mit Processing geschrieben. Erste Unterrichtseinsätze brachten schon Erkenntnisse zur Erweiterung, z.B. dass mehrere Lampen geeigneter unterschieden werden müssten (statt „Lampe 1").

3   Fazit und Ausblick

Aktuell wird die Lernumgebung in verschiedenen Grundschulen getestet. Erste Ergebnisse zeigen, dass die Lernumgebung angenommen wird und intuitiv zu bedienen ist. Es ist zu beobachten, dass die Schüler mit viel Spaß an der Sache und ohne Berührungsängste mit der Technik bauen, basteln und programmieren.
Es sind dieselben positiven Erfahrungen im Unterricht gemacht worden wie mit anderen ähnlichen Systemen (siehe Kapitel 1). Die Schüler waren durchgängig erfolgreich in der eigenständigen Programmierung einfacher bedingter Anweisungen und auf die im Wortsinn sichtbaren Ergebnisse ihrer Programmierung stolz.
In den Unterkapiteln zu Methodik, Hard-und Software wurden bereits einige Punkte genannt, die evaluiert und weiterentwickelt werden müssen.

Abb. 3 Schülerergebnis

Bezüglich der Hard-und Software wird von Andreas Flemming eine Webseite gepflegt, auf der technische Details veröffentlicht werden und die den aktuellen Erkenntnissen und Entwicklungen ständig angepasst wird [AE16].

Literaturverzeichnis

[AE16]   http://www.arduino-einfach.de/, Zugriff: 14.3.2016

[LBZ16]   https://www.uni-goettingen.de/de/materialien-jg-56/196443.html, Zugriff: 14.3.2016

[MMS11]   Eckart Modrow, Jens Mönig, Kerstin Strecker: „Wozu Java? - Plädoyer für grafisches Programmieren", Zeitschrift LOG IN, Heft Nr. 168, LOG IN-Verlag, 2011

[MS11]   Eckart Modrow, Kerstin Strecker: „PuMa II", Zeitschrift LOG IN, Heft Nr. 169/170, LOG IN Verlag, 2011

[MWT11]   Eckart Modrow, Sabine Wolff, Annelie von Trotha. „Mit dem Arduino im Zoo und anderswo", LOG IN Heft Nr. 172/173, LOG-IN-Verlag 2011/2012

[St09]   Kerstin Strecker: „Informatik für Alle – wie viel Programmierung braucht der Mensch?", Dissertation, Universität Göttingen, 2009

[St11]   Kerstin Strecker: „Zur Didaktik der Algorithmik", Marco Thomas (Hrsg.): „Informatik in Bildung und Beruf", GI-Fachtagung Informatik und Schule, GI Lecture Notes in Informatics, 2011

[St11a]   Kerstin Strecker: „Wie viel Programmierkompetenz braucht der Mensch?", Zeitschrift LOG IN, Heft Nr. 169/170, LOG IN-Verlag, 2011

[St14]   Kerstin Strecker: „Kontextbezogene Aufgaben", Zeitschrift LOG IN Heft 176/177, LOG IN Verlag, 2014

Code for competence – Programmieren für Zweitklässler mit ScratchJr

Robert Garmann[1], Benjamin Wanous[2]

Abstract: Wir beschreiben anhand eines Pilotprojekts in einer zweiten Grundschulklasse, dass Informatik in der Grundschule das Potential hat, fächerverbindend Kompetenzen in fast allen Fächern des Grundschulkanons zu fördern. Wir erläutern beispielhaft eine Unterrichtseinheit zur Realisierung eines Worträtsels mit ScratchJr und dokumentieren positive Wirkungen auf vielfältige Kompetenzen, die Kinder im Grundschulalter erwerben sollen. Der Beitrag stellt einen Erfahrungsbericht und qualitative Ergebnisse zur Verfügung. Eingesetzte Arbeitsmaterialien werden online zur Verfügung gestellt.

Keywords: Schulinformatik, Grundschule, Programmieren für Kinder, fächerverbindendes Lernen, ganzheitliches Lernen, ScratchJr.

1 Einleitung

1.1 Informatik in der Grundschule

Mit der Situation der Informatik an Schulen in Deutschland und Europa und den Zielen, die informatische Bildung hat oder haben sollte, beschäftigen sich inzwischen nicht nur Fachmedien der Informatikdidaktik, sondern verstärkt Tages- und Wochenzeitungen, auflagenstarke Computerzeitschriften und Online-Medien von hoher Reichweite [Buh13] [Cur13] [Bis14] [BW15]. Die Diskussion dreht sich häufig um Fragen wie: Müssen alle Schülerinnen und Schüler lernen, IT-Systeme zu beherrschen, oder reicht eine Nutzungs- und Bedienkompetenz in der Breite aus? Welche gesellschaftliche Relevanz hat Informatik in der Schule? Welche Wirkungen auf den Arbeitsmarkt werden beabsichtigt bzw. befürchtet? In welchem Alter sollten Kinder mit Informatik in der Schule beginnen?

Wir glauben, dass Kinder schon in der Grundschule mit Informatik in Berührung kommen sollen. Nicht nur als Nutzer, sondern als Gestalter von IT-Systemen. Die Kenntnis der Grundlagen der Informatik wird immer wichtiger, um digitale Technologien und Medien kritisch und distanziert beurteilen zu können. Zudem wirkt gestalterische Arbeit an IT-Systemen weit über die Entwicklung von Technikverständnis hinaus. Vielfach wird insbesondere das Algorithmisieren als mentales Allzweckwerkzeug für das Verstehen verschiedener Anwendungsdomänen verstanden. Im Gegensatz dazu findet informatische Vorbildung in deutschen Grundschulen nicht statt [St10] oder sie konzentriert sich auf die Anwendung statt auf die Gestaltung von Informatiksystemen.

---

[1] Hochschule Hannover, Fakultät IV Wirtschaft und Informatik, Ricklinger Stadtweg 120, 30459 Hannover, robert.garmann@hs-hannover.de

[2] Grundschule Friedrich-Ebert-Schule, Salzweg 33, 30455 Hannover, b.wanous@web.de

1.2   „Code for competence" mit ScratchJr

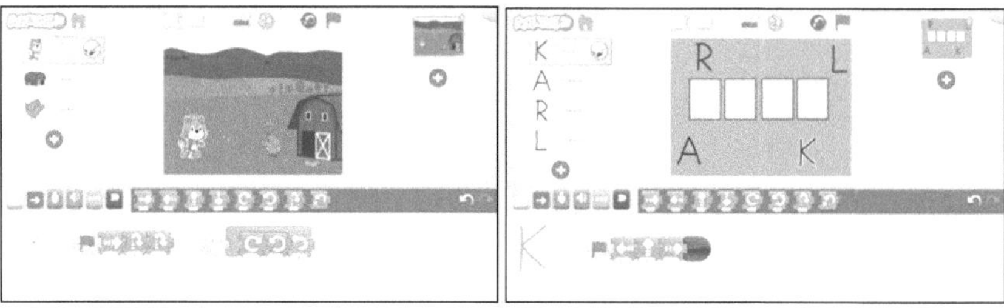

Abb. 1: ScratchJr Benutzungsschnittstelle (zwei Beispielprojekte)

ScratchJr[3] [Fla13] ist eine freie, auf Tablet-Computern kindgerecht einsetzbare Lernumgebung für die Entwicklung von Geschichten, Animationen und Spielen (vgl. Abb. 1). ScratchJr ist unseres Wissens die erste Lernumgebung, die schon Kinder im Alter von 5-7 Jahren an die Programmierung heran führen will. Frühere Ansätze fokussieren auf ältere Kinder (ab 8 Jahre aufwärts).

Codieren (sprich: programmieren) fassen wir als Tätigkeit auf, die sich positiv auf viele Kompetenzbereiche auswirken kann. Daher stammt der Titel unseres Projekts: Code for competence. Wir verfolgen mit der Programmierung eigener Ideen in ScratchJr die Förderung vielfältiger Kompetenzen. „Making Connections" nennt dies ein zu ScratchJr erhältliches Buch [BR15] und meint damit die Verknüpfung mit anderen Schulfächern. In dem in diesem Beitrag beschriebenen Pilotversuch wird in einer zweiten Klasse einer hannoverschen Grundschule eine wöchentlich stattfindende Unterrichtsstunde durchgeführt. Wir verbinden dabei fachübergreifende Aspekte (Sachunterricht, Kunst, Musik, Deutsch, Mathematik) zu kleineren Projekten.

1.3   Überblick über diesen Beitrag

Wir beginnen in Abschnitt 2 mit einem Vergleich der in verwandten Arbeiten dokumentierten Motivation für Informatik in der Schule, welche von der Technik-Nachwuchsförderung über interdisziplinäre Aspekte bis hin zur Betonung des allgemeinbildenden Charakters reicht. Danach fokussieren wir auf die Beschreibung einer Unterrichtsstunde, die in der Mitte einer mehrwöchigen Folge von ScratchJr-Stunden stand. Gegenstand ist die Realisierung eines Worträtsels, zu dessen Bewältigung einige Grundfertigkeiten im Umgang mit ScratchJr vorhanden sein müssen. Wir führen aus, wie wir vorgegangen sind und welche Anstrengungen wir bzgl. der Förderung verschiedener Kompetenzen unternommen haben. Abschnitt 3 thematisiert Eckdaten und Randbedingungen des Projekts wie Zeit, Geld, handelnde Personen, Technik sowie curriculare Vorgaben. In Abschnitt 4 beschreiben wir die Unterrichtsstunde sowie die vor- und nachgelagerten Aktivitäten. Auch Durchführungsschwierigkeiten und unser Umgang damit finden Erwähnung. Aus Platzgründen fehlende Details sind in [GW15b] nachzulesen. Abschnitt 5 konstatiert fächerverbindende Wirkungen durch Rückgriff auf die curricularen Vorgaben. Den Ab-

---

[3] http://www.scratchjr.org

schluss des Beitrages bildet ein Blick in die Zukunft in Abschnitt 6.

2 Verwandte Arbeiten

Informatik in der Schule zielt einerseits und naheliegend auf informatische Bildung für Schülerinnen und Schüler und somit auf die Vorbereitung für einen Informatik-Beruf. In [Nac09, S. 59] werden drei Faktoren für MINT-Interesse genannt: „frühe Begegnung und spielerische Auseinandersetzung mit Technik", „einzelne Schlüsselerlebnisse, in denen Technik punktuell als interessant und herausfordernd erlebt wird" und „kontinuierliche, didaktisch gut aufbereitete Technikbildung in der Schule". Die regelmäßige Beschäftigung mit ScratchJr liefert einen Beitrag zu allen drei genannten Einflussfaktoren.

[Bri08] betont den interdisziplinären Charakter der Informatik. Wird der Informatikunterricht interdisziplinär angelegt, ergeben sich daraus „eine Fülle an Kompetenzen, beispielsweise konstruktives Vorgehen, präzises Analysieren, klares Spezifizieren, zielführendes Modellieren, Implementieren zumindest von Prototypen, Orientieren an den Anforderungen der Benutzer, systematisches Planen, Arbeiten im Team, rasches Umsetzen neuester Erkenntnisse, Erstellen und Nutzen digitaler Hilfsmittel" [Bri08]. Es wird weiter betont, dass informatische Kompetenzen für alle Unterrichtsfächer relevant sind.

Den interdisziplinären Charakter der Informatik hebt auch [Win06] hervor. Ein Informatikabschluss eröffne Berufskarrieren in Medizin, Recht, Wirtschaft, Politik, Wissenschaft und Kunst. Alle Kinder sollten als zusätzliche Kompetenz neben Lesen, Schreiben und Arithmetik die Kompetenz des „Computational Thinking" entwickeln. Computational Thinking beinhaltet [Win06, Übersetzung durch den Autor] die Lösung von Problemen, den Entwurf von Systemen und das Verstehen menschlichen Verhaltens unter Rückgriff auf solche Konzepte, die von grundlegender Bedeutung in der Informatik sind.

Analogien zwischen Alltagssituationen und Informatik-Konzepten stellt auch [Rep15] her: Die Großmutter, die einen Kuchen backen will und „weiß, dass sie den Zuckerguss schon vorbereiten kann, während der Kuchen im Ofen ist", veranschaulicht sequenzielle und parallele Prozesse. Repenning schlägt die Entwicklung von Computerspielen mit schrittweise komplexeren Spielkonzepten vor und versteht Computational Thinking als übergreifendes Unterrichtsprinzip, welches die Kompetenzentwicklung in verschiedenen Bereichen von Sprachen über Musik und Sport bis zu Technik unterstützen kann. Der vorliegende Beitrag beschreibt in genau diesem übergreifenden Unterrichtssinne ein konkretes Projekt unter Einsatz von ScratchJr.

3 Eckdaten und Randbedingungen des Projekts

3.1 Technik

Im Informatikunterricht wird in der Regel der Computer als Werkzeug eingesetzt. Das muss zwar nicht unbedingt so sein (vgl. [BWF15]), hat aber aus unserer Sicht den Vorteil, die Mediengestaltungskompetenz zu stärken. Technische Geräte bergen die

Gefahr, dass sie ausfallen und zu kontraproduktivem Frust im Umgang mit Technik führen. Auch muss Expertise und Personal verfügbar sein, um die Geräte zu warten und auf dem aktuellen Stand zu halten. Möglichst einfach zu administrierende, verschleißarme, sich selbständig aktualisierende Geräte sind daher anzustreben. ScratchJr läuft auf Tablet-Computern. In unserem Projekt setzen wir Android-Geräte ein. Nach der anfänglichen Einrichtung, die pro Tablet etwa eine Viertelstunde dauerte, fällt bis heute lediglich das gelegentliche Aufladen am Stromnetz als Arbeitsaufwand an. Die Einrichtungsprozedur ist nicht wesentlich komplizierter als die Installation einer App.

Wir betreiben ScratchJr zudem auf dem sowieso im Klassenraum vorhandenen Lehrernotebook in einer Emulationsumgebung. Das Lehrernotebook ist an ein Smartboard angeschlossen, so dass ScratchJr direkt an der interaktiven Tafel bedient werden kann. Weitere Details zur technischen Ausstattung und die damit gemachten Erfahrungen sind in einem online verfügbaren Projekttagebuch beschrieben [Gar15].

3.2   Zeit, Geld, Personal

Die verwendeten Geräte müssen bezahlbar sein. Wenige Grundschulen können sich aus eigenen Mitteln einen Klassensatz von Tablet-Computern leisten. Unsere Tablets stammen aus dem Bestand der am Projekt beteiligten Hochschule. Im Vergleich zur Beschaffung von stationären Computern für einen Computerraum können Tablet-Computer deutlich günstiger in der Anschaffung sein. Die hier eingesetzten 9,7-Zoll-Geräte eines namhaften Android-Tablet-Herstellers kosteten (Stand Herbst 2015) ca. 245 EUR pro Stück inkl. Ladeverteiler und Schutzhüllen. Günstigere Tablet-Modelle anderer Hersteller in vergleichbarer Bildschirmgröße sind bereits für 100 EUR weniger zu haben.

Das Projekt sollte regelmäßig für alle Kinder einer Klasse entweder innerhalb der regulären Schulstunden oder direkt im Anschluss daran stattfinden. Kontinuierliche Angebote sind wichtig, wenn man Kinder nachhaltig für einen forschenden und gestaltenden Umgang mit Technik begeistern will. Ursprünglich geplant für ein ganzes Schulhalbjahr startete die erste Projektphase organisatorisch bedingt erst Anfang November 2015. Eigentlich hatten wir eine Unterrichtsstunde pro Woche für die Arbeit mit ScratchJr investieren wollen, welche wir nun wegen des verspäteten Starts auf ein bis zwei Stunden ausdehnten. Aufgrund der guten bisherigen Erfahrungen wird die Arbeit mit ScratchJr in derselben Klasse seit Februar bis voraussichtlich Juni 2016 fortgesetzt.

An der betreffenden Grundschule betreut eine Lehrperson jeweils eine Klasse mit bis zu 24 Kindern. Der Unterricht muss für eine Person zu stemmen sein, auch dann, wenn ein stark heterogenes Leistungsvermögen der Kinder vorliegt. Der Unterricht muss so gestaltet werden, dass individuelle Betreuungsleistungen nicht notwendige Voraussetzung für einen Lernerfolg sind. Im hier beschriebenen Pilotprojekt haben wir zu zweit im Klassenraum gearbeitet. Erklärtes Ziel bei der Vorbereitung jeder Stunde war jedoch, dass diese auch für eine Betreuungsperson alleine durchführbar ist.

Fach	Kompetenzbereich (Fach / Inhalt)	Kompetenzbereich (Methode / Prozess)
Deutsch (D)	Sprechen und Zuhören; Schreiben; Lesen / mit Medien und Texten umgehen; Sprache und Sprachgebrauch untersuchen	Über fachbezogene Methoden und Arbeitstechniken verfügen; Lernstrategien anwenden
Mathematik (M)	Zahlen und Operationen; Größen und Messen; Raum und Form; Muster und Strukturen; Daten und Zufall	Kommunizieren / Argumentieren; Darstellen; Modellieren; Problemlösen
Sachunterricht (SU)	Zeit und Geschichte; Gesellschaft und Politik; Raum; Natur; Technik	Erkenntnisgewinnung; Kommunikation; Urteilen und Handeln; Lernstrategien
Musik (Mu)	Wahrnehmen; Gestalten; Kulturhistorische Dimension	Kommunizieren; Erkenntnisse gewinnen; Lernstrategien erwerben; Beurteilen und Bewerten
Kunst (Ku)	Wahrnehmen; Bildhaftes Gestalten; Herstellen von kulturhistorischen Kontexten	Kommunizieren; Erkenntnisse gewinnen; Lernstrategien erwerben; Beurteilen und Bewerten
Sport (Sp)	Spielen; Turnen und Bewegungskünste; gymnastisch-rhythmische und tänzerische Bewegungsgestaltung; Laufen, Springen, Werfen; Schwimmen, Tauchen, Wasserspringen; Bewegen auf rollenden und gleitenden Geräten; Miteinander kämpfen und Kräfte messen	Bewegungskönnen entwickeln / Erkenntnisse gewinnen; Interaktionen herstellen; Lernen lernen; Bewerten

Tab. 1: Kompetenzbereiche in der Grundschule [Cur15]

Für Grundschulen in Niedersachsen existieren Kerncurricula, in denen von den Kindern am Ende des zweiten und des vierten Schuljahres erwartete Kompetenzen beschrieben sind. Um den Beitrag zum diesbezüglichen Kompetenzerwerb eines Informatikunterrichts in der Grundschule einordnen zu können, stellt Tab. 1 die Kompetenzbereiche der einzelnen Fächer dar. Im weiteren Verlauf des Beitrages werden wir bei der Beschreibung von Lerneffekten bei der Arbeit mit ScratchJr auf diese Tabelle Bezug nehmen.

4   Beschreibung der Unterrichtseinheit

4.1   Vorgelagerte Aktivitäten

Wir führten vier Unterrichtsblöcke[4] mit den Kindern durch, die sich weitgehend an einen Lehrplanvorschlag der ScratchJr-Macher anlehnten [Dev15]. In diesen führten wir grundlegende Programmierbausteine von ScratchJr ein, deren Kenntnis Voraussetzung für eine erfolgreiche Durchführung des im Folgenden beschriebenen Worträtsels ist. Ein online verfügbarer Projektbericht beschreibt diese Blöcke im Detail [GW15b].

Zur weiteren Vorbereitung erstellten wir auf dem Lehrernotebook zwei Szenarien. Das erste ist in Abb. 1 rechts dargestellt. Sowohl das Hintergrundbild (vier Kästchen) als auch die vier Buchstaben zeichneten wir mit dem ScratchJr-Zeicheneditor. Die ersten beiden Buchstaben K und A programmierten wir so, dass sie auf direktem Wege in das erste bzw. zweite Kästchen „laufen". Die beiden weiteren Buchstaben wurden später

---

[4] Ein „Block" bezeichnet in diesem Beitrag eine Zeitspanne von i. d. R. einer Unterrichtsstunde zzgl. einer situativ entschiedenen Verlängerung auf bis zu 2 Unterrichtsstunden, wo uns dies angemessen erschien.

gemeinsam mit den Kindern programmiert. Das zweite Szenario (ohne Abbildung) stellt das Wort „AFFE" dar, wobei die vier Buchstaben unter Nutzung verschiedenster Befehle sich hüpfend und drehend in ihre Kästchen bewegen.

4.2   Ablauf

Vor dem Smartboard versammelt, rätselt die Klasse, welches Wort die vier verstreut liegenden Buchstaben des ersten Szenarios wohl darstellen. Als Hilfestellung lässt der Lehrer das Programm im Vollbildmodus[5] laufen und die Kinder beobachten, wie K und A an ihre Plätze wandern. Die Kinder erraten „KARL". Gemeinsam mit den Kindern programmiert der Lehrer die beiden verbleibenden Buchstaben unter Einsatz der bisher erlernten Bausteine, so dass diese ihre Kästchen erreichen.

Für die nun anschließende Arbeitsphase, in der die Kinder individuell an Tablets arbeiten, ergeht der Auftrag, den eigenen Namen oder einen kürzeren Spitznamen in ScratchJr zu realisieren. Einige Kinder schaffen diese Aufgabe in 15 Minuten. Viele andere sind überfordert und machen Fehler. Eine kleine Auswahl: Buchstaben werden in den Hintergrund oder alle in eine Figur gezeichnet, Buchstaben und Kästchen wurden in derselben oder in kontrastarmen Farben gezeichnet, Buchstaben werden bei Fehlversuchen „von Hand" zurück geschoben, statt den „Zurück zum Anfangspunkt"-Befehl zu nutzen. Wir müssen die Arbeitsphase unterbrechen und auf die Fehler frontal eingehen. Danach helfen die stärkeren den schwächeren Kindern.

Als etwa die Hälfte der Kinder mit der Aufgabe fertig ist, erhalten diese eine neue Aufgabe. Die Kinder sollen sich ein Wort ausdenken oder in der Wörterliste (s. Deutschunterricht) nachschlagen und dann ein Worträtsel für dieses Wort programmieren. Die Buchstaben sollen nicht auf direktem Weg, sondern auf möglichst verschlungenen Pfaden, hüpfend, drehen, verschwindend und wieder auftauchend, anwachsend und schrumpfend zum Ziel „tanzen". Das vorbereitete „AFFE"-Szenario dient der Illustration.

Am Ende der Stunde teilen die Kinder gut gelungene Ergebnisse mit den anderen. Alle sind mit der ersten Aufgabe fertig geworden, einige Kinder auch mit der zweiten Aufgabe. Das alles hat etwa 80 Minuten gedauert.

Unser Vorgehen in der Stunde war rückblickend nicht optimal. Viele Kinder waren zu Beginn überfordert. Die Betreuung durch eine Person wäre in dieser Phase kaum möglich gewesen. Bei einer Wiederholung würden wir diese Stunde stärker strukturieren und mit Arbeitsmaterial unterfüttern (erst den Hintergrund erstellen, dann die Buchstaben zeichnen, dann die Buchstaben bewegen, dazwischen jeweils Zäsuren). Nun aber, da das „Kind in den Brunnen gefallen" ist, haben wir uns entschieden, in Folgestunden etwas Aufbauarbeit zu leisten.

4.3   Ablauf und Reflektion dreier Folgeblöcke

In einem ersten, direkt am folgenden Tag stattfindenden Block, den der Lehrer diesmal

---

[5] Im Vollbildmodus ist die Abfolge der Programmierbausteine, die die Animation realisieren, verborgen.

alleine bestreitet, bespricht er mit den Kindern, was beim letzten Mal gut lief und was nicht. Hauptprobleme sehen die Kinder bei der schwierigen Unterscheidung der Editoren für Hintergrundbild und Figuren sowie darin, sich in Zweierteams mit je einem Tablet zu arrangieren. Nach der Feedbackphase programmiert der Lehrer mit den Kindern eine einfache Version eines Worträtsels ohne Hintergrundbild. Ohne Ablenkungen durch eigene Tablets können die Kinder so gut auf ein homogenes Wissensniveau gebracht werden. Als zusätzliches kreatives Element verschönern der Lehrer und die Kinder die verwendeten Buchstaben mit mehreren Farben. In diesem etwa 30 Minuten dauernden Block gibt es keine individuelle Arbeitsphase.

In zwei weiteren, im Abstand weniger Tage folgenden, Blöcken (Dauer je ca. 40 Minuten) wird fast ausschließlich individuell mit dem Tablet gearbeitet. Die offen gestellte Aufgabe lautet: beschäftigt Euch mit Worträtseln; erstellt eigene Worträtsel und verschönert diese; verwendet ggf. einen Hintergrund. Die erwartungsgemäß sehr unterschiedlichen Resultate können wir teilweise während der Unterrichtsstunde in individuellen Gesprächen würdigen, teilweise verschieben wir die Würdigung auf eine wenige Tage später stattfindende Adventsfeier. Im Rahmen dieser Feier, bei der Kinder, Eltern und weitere Verwandte anwesend waren, wurden einige besonders gelungene Worträtsel präsentiert und vom Publikum erraten. Anschließend erhielten die Kinder Gelegenheit, ihren Eltern am Tablet das bisher Erreichte im Zwiegespräch zu demonstrieren.

Reflektierend halten wir fest, dass die in den Folgeblöcken zusätzlich investierte Zeit einerseits schwächeren Kindern individuelle Unterstützung bot und andererseits stärkeren Kindern Gelegenheit gab, sich in ScratchJr mit allem bisher Gelernten kreativ „auszutoben“. Die erreichten Ergebnisse sind sehenswert. Nach der anfänglichen Skepsis angesichts teilweise frustrierter Kinder am Ende der in Abschnitt 4.2 beschriebenen Stunde haben wir nun das Blatt gewendet. Alle Kinder, die schwächeren und die stärkeren, erhielten auf der Adventsfeier Lob von ihren Eltern, als sie durchaus mit Stolz ihre Ergebnisse präsentierten. Diese Erfahrung kommt selbstverständlich der Motivation und dem Lernprozess zugute. Von Eltern erhaltenes Feedback an den Lehrer und mich offenbarte eine durchweg positive Einstellung gegenüber unserem Projekt, welches bis zu diesem Zeitpunkt nicht offiziell kommuniziert worden war.

5   Wirkungen bzgl. curricularer Vorgaben

Die Kinder unserer Klasse sind mit Begeisterung dabei. Wir gehen davon aus, dass sich die Begeisterung positiv verstärkend auf den Kompetenzerwerb in der Inhaltsdimension *Technik* des Sachunterrichts (SU) auswirkt (vgl. Tab. 1). Während der Erstellung eines eigenen Worträtsels, entwickelten die Kinder Hypothesen und überprüften sie, planten ein Experiment, führten es durch und werteten es aus, durchdachten verschiedene Problemlösungsmöglichkeiten und handelten entsprechend (*Erkenntnisgewinnung*, SU).

Es ist nicht sofort ersichtlich, wie viele Schritte ein Buchstabe machen muss, um in sein Kästchen zu gelangen. Die Kinder verfolgen verschiedene Strategien (Abzählen, Abschätzen, Vergleichen) und stärken dabei ihre Kompetenzen in den Dimensionen *Zahlen und Operationen* sowie *Modellieren* des Fachs Mathematik. Selbstredend schulen wir die *Problemlöse*-Kompetenz (M) der Kinder. Die Aufgabe, Buchstaben unterschiedliche Strecken in verschiedene Richtungen zurücklegen zu lassen, stärkt Kompetenzen im Feld *Raum und Form* bzw. *Größen und Messen* der Mathematik. Drehbefehle, die eine Figur im bzw. gegen den Uhrzeigersinn rotieren lassen, schlagen eine Brücke zu *Zeit und Geschichte* im SU, in dem es auch um das Ablesen der Uhr geht.

Kommunizieren / Argumentieren (M) müssen die Kinder während der Arbeitsphase, in der sie sich bei ihren Sitznachbarn Hilfe holen, indem sie das Problem, an dem sie nicht weiter kommen, in Worte fassen. Helfende und hilfesuchende Kinder müssen wechselseitig Bedürfnisse und Wünsche erkennen und achten (*Urteilen und Handeln*, SU) und verschiedene Lösungen kontrovers diskutieren (*Kommunikation*, SU).

Beim Umgang mit den Tablets müssen Regeln zum sachgerechten Umgang mit empfindlichen technischen Geräten eingehalten werden (*Technik*, SU). Da bei uns nicht genügend Tablets zur Verfügung stehen, müssen einige Kinder in Zweierteams mit der Konkurrenzsituation um die Tablet-Ressource umgehen. Der Lehrer animiert dazu, Kompromisse zu finden, die den Konflikt lösen, bspw. durch Vereinbarung von abwechselnden Nutzungsperioden gleicher Dauer (*Gesellschaft und Politik*, SU). Am Ende der Stunde kann das Ausschalten der Tablets dazu genutzt werden, Energieverbrauch als unmittelbar erfahrbaren Umweltaspekt zu thematisieren (*Natur*, SU). Wer das Ausschalten vergisst, schädigt die Umwelt und sich selbst, weil er beim nächsten Mal kein aufgeladenes Tablet nutzen können wird.

Es wurde mit Farben im Hinter- und Vordergrund experimentiert. Dabei wurden harmonierende und nicht harmonierende Kombinationen erprobt (*Beurteilen und Bewerten*, Ku). Die kreative, mehrfarbige „Verschönerung“ von Buchstaben stärkte Kompetenzen im *bildhaften Gestalten* (Ku). Bei fehlerhaft erstellten Programmen müssen die Kinder zur Planung von Korrekturen die aufeinander folgenden Bewegungsschritte der Buchstaben aufmerksam beobachten (*Wahrnehmung*, Ku). Hier bestehen noch Ausbaumöglichkeiten, die wir bisher nicht genutzt haben. Es ließe sich etwa ein im Kunstunterricht erstelltes Kunstwerk per Tablet-Kamera in eine ScratchJr-Geschichte integrieren. Das Kunstwerk würde dadurch zum Leben erweckt. Denkbar wäre, einen Teil des Gestaltungsprozesses mit Papier, Farben und Schere zu erledigen und einen weiteren Teil durch elektronische Bearbeitung des fotografischen Abbilds. Die diesbezügliche Planung, Durchführung und Reflektion würde prozessbezogene Kompetenzen im Fach Kunst fördern (*Erkenntnisse gewinnen* und *Lernstrategien erwerben*).

Die Kinder mussten Wörter in Einzelteile zerlegen (*Sprache und Sprachgebrauch untersuchen*, D). Wörter für die zweite Aufgabe wurden in einem Wörterbuch nachgeschlagen (*Fachbezogene Methoden und Arbeitstechniken*, D). Die Programmierung einer Abfolge von Bewegungen und Drehungen von Buchstaben schärft den Sinn für die "Sequenz" als wichtiges grundlegendes Gestaltungselement, welches insb. beim Verfassen von Texten (*Schreiben*, D) und darüber hinaus bei jeder Planungshandlung zum Einsatz kommt. Die Kinder lernen in der Arbeitsphase weitgehend selbständig und problembezogen. Sie waren aufgefordert, eine selbst erdachte Animation mit soeben erlerntem Vorwissen zu verknüpfen. Das in der ersten Aufgabe erworbene Wissen diente als Basis für die Lösung des neuen Problems, die Buchstaben nicht direkt, sondern auf verschlungenen Pfaden zum Ziel zu steuern (*Lernstrategien*, D und SU). Während des Teilens übten einige Kinder das Sprechen vor einer größeren Gruppe während die anderen zuhörend verstehen mussten (*Sprechen und Zuhören*, D).

6 Ausblick

Wir haben an einem konkreten Projekt aufgezeigt, wie Aspekte aus verschiedenen Unterrichtsfächern unter Einsatz der Programmierumgebung ScratchJr ganzheitlich in einer zweiten Grundschulklasse vermittelt werden können. Die Kinder zeigen erhebliche Begeisterung, wenn sie „endlich wieder mit ScratchJr" arbeiten dürfen. Die Eltern sind von dem Projekt angetan. Aufklärungsarbeit ist noch bzgl. der Ziele des Projekts zu leisten. Einigen elterlichen Rückmeldungen war zu entnehmen, dass der Unterschied zwischen der rein konsumierenden Verwendung einer Mathematik-Lernsoftware und der in hohem Grade gestalterischen Verwendung von ScratchJr nicht allen bewusst ist.

Weiterhin herausfordernd ist es, den stark differierenden Leistungsvermögen der Schülerinnen und Schüler angemessen zu begegnen. Grundsätzlich sind wir diesbezüglich nicht entmutigt. Ein binnendifferenziert gestalteter Unterricht mit ScratchJr ist möglich und auch für eine auf sich alleine gestellte Lehrperson machbar.

Wir führen das Pilotprojekt zunächst nur mit der Pilotklasse seit Februar 2016 fort. Inwiefern wir das Angebot auf mehrere Klassen ausdehnen können hängt von der Verfügbarkeit von Tablets[6] und den betroffenen Lehrern ab, die wir nach Abschluss der ersten Projektphase „ins Boot holen wollen". Die bisher im Projekt verwendeten Materialien sind in einem Online-Tagebuch des Projekts unter [Gar15] verfügbar.

Literaturverzeichnis

[Bis14]   Biselli, A.: Medienkompetenz, quo vadis? Teil II: Informatik & Co. an deutschen Schulen – Bestandsaufnahme, https://netzpolitik.org/2014/medienkompetenz-quo-vadis-teil-ii-informatik-co-an-deutschen-schulen-bestandsaufnahme/, 21.03.2014.

[BR15]   Bers, M. U., Resnick, M.: The Official ScratchJr Book, No Starch Press, San Francisco, 2015.

[Bri08]   Brinda, T., et al.: Grundsätze und Standards für die Informatik in der Schule. Bildungsstandards Informatik für die Sekundarstufe I. Beilage zu LOG IN 150,151/2008.

[Buh13]   Buhse, M.: Das digitale Einmaleins, http://www.zeit.de/2013/02/Schule-Estland-Programmieren, 3.01.2013.

[BW15]   Barrein, B., Wiegand, D.: Pflichtfach Informatik. c't 23/2015, S. 84-89, 2015.

[BWF15]   Bell, T., Witten, I. H., Fellows, M.: CS Unplugged: An enrichment and extension programme for primary-aged students Computer Science Unplugged, Lulu.com, 2015

---

[6] Die Schule verfügt derzeit noch nicht über eigene Tablets. Die Zeit könnte hier für uns arbeiten. Als Beleg werten wir Initiativen wie den Medienentwicklungsplan der Stadt Hannover, in dem perspektivisch alle Schülerinnen und Schüler ein Tablet zum Lernen erhalten sollen (Drucksache Nr. 1965/2015).

[Cur13]   Curtis, S.: Teaching our children to code: a quiet revolution,
            http://www.telegraph.co.uk/technology/news/10410036/Teaching-our-children-to-
            code-a-quiet-revolution.html, 4.11.2013.

[Cur15]   Curriculare   Vorgaben   →Arbeitsforum   →Dokumente,   http://nline.nibis.de/cuvo,
            19.12.2015.

[Dev15]   Developmental Technologies Research Group at Tufts University: Animated Genres
            Classroom   Curriculum   for   Grades   K-2,   http://www.scratchjr.org/curricula/
            animatedgenres/full.pdf, 1.06.2015.

[Fla13]   Flannery, Louise P., et al: Designing scratchjr: Support for early childhood learning
            through computer programming. In: Proceedings of the 12th International Conference
            on Interaction Design and Children. ACM, S. 1-10, 2013.

[Gar15]   Garmann, R.: C4C – code for competence, http://www.code4comp.wp.hs-
            hannover.de/, 21.02.2016

[GW15b]   Garmann, R., Wanous, B.: Code for competence – Programmieren für Zweitklässler
            mit ScratchJr, Projektbericht, http://serwiss.bib.hs-hannover.de/frontdoor/index/index/
            docId/791, 2016.

[Nac09]   Ergebnisbericht Nachwuchsbarometer Technikwissenschaften, acatech und VDI
            München/Düsseldorf, 2009

[Rep15]   Repenning, A.: Computational Thinking in der Lehrerbildung, Hasler-Stiftung, Bern,
            Januar 2015.

[St10]   Starruß, I.: Analyse der informatischen Bildung an allgemein bildenden Schulen auf
            der Basis der im Jahr 2010 gültigen Lehrpläne und Richtlinien. Dresden, 2010. TU
            Dresden, Didaktik der Informatik.

[Win06]   Wing, J. M.: Computational thinking. Communications of the ACM, 49(3)/06, S. 33-
            35, 2006.

Computational Thinking in Practice: Modeling and Simulation

Nataša Grgurina [1], Bert Zwaneveld[2] and Erik Barendsen[3]

Abstract: Computational Thinking (CT) is gaining a lot of attention in education. We explored how to discern the occurrences of CT in the projects of 12th grade high school students in the computer science (CS) course. Within the projects, they used the NetLogo software to construct models and run simulations of phenomena from other (STEM) disciplines. We developed a suitable theoretical framework and used it to examine which CT aspects occurred in students' activities and to assess students' CT accomplishments. We analyzed students' project documentation, recordings of student groups during work, survey results and interviews with individual students. In this workshop we present our theoretical framework and some results of the study, which might be relevant for research on CS education in lower grades too. We also discuss the role and the place of modeling and simulation in the K-12 CS education.

Keywords: Computational Thinking, Modeling, Simulation.

1   Simulation Modeling

Computational Thinking can be described as a set of mental activities that comprises the decomposition of open-ended problems and the construction and evaluation of models that simulate the nature of these problems in order to be able to provide solutions to those problems. Nowack and Caspersen [CN13] explain why they „believe understanding and creating models are fundamental skills for all pupils as it can be characterized as the skill that enable us to analyze and understand phenomena as well as design and construct artifacts." Wilensky argues that „Computational modeling has the potential to give students means of expressing and testing explanations of phenomena both in the natural and social worlds" [Wi14] while Granger proclaims, „Modeling is the new literacy" [Gr15].

A conceptual representation with aid of computing when a model has a form of a computer program that is used to run simulations is called simulation modeling. There are three methods in simulation modeling:

- System dynamics, associated with high level of abstraction where the individual objects are aggregated. The models are described in terms of coupled nonlinear, first-order differential equation [Bo13] such as for example Lotka-Volterra equations that describe dynamics of biological systems involving predator and

[1] University of Groningen, The Netherlands, n.grgurina@rug.nl
[2] Open University, The Netherlands, g.zwaneveld@uu.nl
[3] Radboud University and Open University, The Netherlands, e.barendsen@cs.ru.nl

prey species. Obviously, describing a model in terms of differential equations or solving such equations is beyond reach of the most K-12 students.

- Discrete event modeling, where the system modeled is considered to be a process, „i.e. a sequence of operations being performed across entities". The level of abstraction is lower as „each object in the system is represented by an entity or a resource unit" that are passive, i.e. the process flowchart defines what happens to them. [Bo13]

- Agent based modeling (ABM), which is made possible with recent growth of availability of CPU power and memory. It does not assume any particular abstraction level. Agents have their properties and behavior and one can start building a model by identifying agents and describing their behavior even without knowing how a system behaves as a whole. ABM makes it possible to model systems that are difficult to capture with older modeling approaches [Bo13].

In our view, the last two characteristics of the ABM make it a suitable modeling method for our students who often lack deep understanding of the phenomena they model and make models specifically to deepen their understanding.

2 Modeling Process

The modeling process in mathematics and CS can be represented as a cyclical succession of several phases. In the initial phase, the purpose of the model or a question is stated. Subsequently, conceptualizing or problem analysis is conducted in the problem domain („real world"). The next phase is formalizing: in mathematics by means of mathematical formalisms, in CS by constructing a computer program that is verified and validated. Next, an experiment is designed and conducted and the resulting data are analyzed. Finally, the conclusion is drawn, the initial purpose or the question are answered, and the conclusion is communicated. If desired, these steps can then be repeated and the model refined or otherwise adjusted. [La15; PB15; OBB15]. We used this modeling process cycle to analyze our students' work.

3 The Project

The lesson unit on modeling and simulation in the 12th grade was the last part of a three-year CS course. During a six-weeks period, the students studied Modeling and Simulations with NetLogo. The first three weeks were dedicated to studying the textbook material, learning about modeling and familiarizing and experimenting with the NetLogo program. During the rest of the period, the students worked in groups on a practical assignment where they investigated a phenomenon of their choosing by making a model in NetLogo and exploring it through running simulations. Where necessary, students were assisted in formulating their hypotheses or research questions. The entire process was strictly planned and contained milestones when the students turned in the required project documentation and kept logbooks. At the end of the period, each group presented its model to the rest of the class and the students were encouraged to discuss their models, results, design choices, programming issues and other relevant questions, which resulted in lively and open discussions. After turning in their final reports and NetLogo programs and receiving their grades, the students were asked to fill in an online questionnaire individually (most students did) and invited to be interviewed (several students did). Among other questions, they were asked what they learned during their work on the projects. Furthermore, screen and voice recordings were made of students' groups during their work in the class and the final presentations were recorded too. For further details of this study, see [GBVSZ15].

4 Results and Discussion

Most students successfully finished their projects and were capable of finding their own problems in other disciplines, making a model, running simulations and deepening their knowledge and understanding of the phenomenon they modeled. Almost all of them stated that learning to model with NetLogo empowered them and provided them with means to study problems and phenomena they thought were beyond their reach. In line with findings by Blikstein and Wilensky [BW09] and Taub et al [TAB14], many students told us that making models helped them gain better understanding of the phenomena they modeled and a few even suggested to cooperate on projects with their biology, chemistry or physics teachers. Finally, they told us they considered modeling a very useful skill, much easier to acquire than what they anticipated and that they would have liked to encounter it (more often) in their other subject.

References

[BW09] Blikstein, P. and U. Wilensky. (2009). "An Atom is Known by the Company it Keeps: Content, Representation and Pedagogy within the Epistemic Revolution of the Complexity Sciences."

[Bo13] Borshchev, Andrei. 2013. *The Big Book of Simulation Modeling: Multimethod Modeling with AnyLogic 6* AnyLogic North America.

[CN13] Caspersen, Michael E. and Palle Nowack. "Model-- Based Thinking & Practice."

[Gr15] Granger, Chris. "Coding is Not the New Literacy.", accessed 10/09, 2015, `http://www.chris-granger.com/2015/01/26/coding-is-not-the-new-literacy/`

[GBVSZ15] Grgurina, Nataša, Erik Barendsen, Klaas van Veen, Cor Suhre, and Bert Zwaneveld. (2015). "Exploring Students' Computational Thinking Skills in Modeling and Simulation Projects: A Pilot Study."ACM.

[La15] Law, Averill M. 2015. *Simulation Modeling and Analysis Fifth Edition*. New York: McGraw-Hill.

[PB15] Perrenet, Jacob and Bert Zwaneveld. 2015. "Mathematical Modelling and Cognitive Load Theory: Approved Or Disapproved?" Gloria Ann Stillman, Werner Blum and Maria Salett Biembengut, 375-384: Springer International Publishing.

[TAB14] Taub, Rivka, Michal Armoni, and Mordechai Moti Ben-Ari. (2014). "Abstraction as a Bridging Concept between Computer Science and Physics."ACM.

[OBB15] Van Overveld, K., T. Borghuis, and E. van Berkum. 2015. "From Problems to Numbers and Back." In *Lecture Notes to 'A Discipline-Neutral Introduction to Mathematical Modelling'*. Eindhoven: Eindhoven University of Technology.

[Wi14] Wilensky, Uri. (2014). "Computational Thinking through Modeling and Simulation." *Whitepaper Presented at the Summit on Future Directions in Computer Education.Orlando, FL.* Http://Www.Stanford.Edu/~ Coopers/2013Summit/WilenskyUriNorthwesternREV.Pdf.

Was Schüler über Informatik fragen und was ihre Lehrkräfte dazu vermuten

Lars Hendrik Bodenstein[1], Christian Borowski[2] und Ira Diethelm[3]

Abstract: Diese Studie geht der Frage nach, welche Fragen Schüler zur Informatik haben und welche Fragen ihre Lehrkräfte dazu vermuten. Die Antworten wurden in mehreren Schritten kategorisiert und mit vorhandenen Studien zum Schülerinteresse verglichen. Die Ergebnisse der Studie decken sich dabei im Wesentlichen mit älteren Studien. Die interessanten Themen scheinen also stabil zu bleiben. Die Lehrer aus dieser Studie schätzen dies in groben Kategorien passend ein, im Detail erwarten sie zu dem Aspekt der Sicherheit aber weit weniger Fragen als ihre Schüler stellen.

1   Einleitung

Die Frage, was Schüler eigentlich wissen wollen, beschäftigt vermutlich jede Lehrkraft. Mithilfe der Berücksichtigung von Schülerinteressen lassen sich aktive Lernprozesse fördern, die anschlussfähiges und flexibles Wissen zum Ziel haben [BG14, S. 111]. Lehrkräfte wollen und sollen in der Regel die Interessen der Schüler in den Unterricht einbeziehen und so gibt es bereits viele Untersuchungen über die Schülerinteressen bezüglich Informatik, z.B. [Ba10] oder [MS05]. Jedoch hat bis auf [BTY16] keine solche Untersuchung gleichzeitig die Erwartungen der Lehrkräfte darüber, was ihre Schüler wissen möchten, erhoben. In dieser Studie wird dies gegenüber gestellt.

In den folgenden Kapiteln beschreiben wir zunächst die Untersuchung von Schülern im Alter von 12 bis 18 Jahren, was sie fragen würden, wenn Sie auf einen Experten oder eine Expertin träfen, der/die alles über Informatik weiß. Ihre Lehrkräfte wurden gleichzeitig dazu befragt, was sie vermuten, was ihre Schüler wohl dazu als Fragen aufschrieben. In Kapitel 2 werden wir dazu das verwendete Forschungsvorgehen erläutern, bevor wir dann in Kapitel 3 das Ergebnis der qualitativen Inhaltsanalyse nach Mayring [Ma10] der Schülerfragen vorstellen und es mit bekannten Ergebnissen vergleichen. Kapitel 4 beschreibt die Ergebnisse für die Lehrkräfte, bevor wir in Kap. 5 beide vergleichen und in Kap. 6 Schlussfolgerungen für den Informatikunterricht ziehen und Beispielfragen auflisten, die zukünftig als Planungshilfe für Lehrkräfte dienen können.

---

[1] Carl von Ossietzky Universität, Didaktik der Informatik, 26111 Oldenburg, lars.hendrik.bodenstein@uni-oldenburg.de
[2] s. o., c.borowski@uni-oldenburg.de
[3] s. o., ira.diethelm@uni-oldenburg.de

2 Durchführung der Untersuchung

Unser Erkenntnisinteresse richtete sich auf zwei Dinge: einerseits die Erforschung des Interesses an Informatik von Schülerinnen und Schülern der Sekundarstufe I und II und andererseits die Qualität der Einschätzungen von Lehrpersonen eben dieser Schülerinteressen. Unsere Frage richtete sich also auch darauf wie gut Lehrer die Interessen ihrer Schüler einschätzen können.

Für beide Gruppen konzipierten wir jeweils einen Fragebogen. Die Verteilung ergibt sich zufällig, da die Fragebögen über Mailinglisten für deutschsprachige Informatiklehrer verteilt wurden. Bei den Befragten handelte es sich zum einen um Schülerinnen und Schüler im Alter von 12 bis 18 Jahren aus vier Bundesländern, die zum Zeitpunkt der Befragung die 6. bis 12. Klasse besuchten. Nur 85 Bögen der ca. 400 Rückläufe konnten zur Auswertung herangezogen werden[4]. Diese stammen ausschließlich aus benoteten Informatik-Kursen. Zum anderen wurden 35 Lehrkräfte aus Deutschland und Österreich aus insgesamt acht verschiedenen Bundesländern befragt.

Sowohl die Formulierung des Fragebogens für Schüler als auch die des Fragebogens für Lehrpersonen orientiert sich an der sog. „Wunderfrage" nach Shazer [SDK08, DBW10]. Bei dieser handelt es sich um ein Verfahren aus der therapeutischen Psychologie, durch die Wünsche des Patienten genutzt werden, um Therapieziele festzulegen. Für diese Erhebungen haben wir diese Wunderfrage angepasst, um die Interessen der Schüler an Informatik heraus zu finden.

Die Frage auf den Fragebögen lautete: „Stelle dir vor, du triffst eine Expertin / einen Experten, die / der alles über Informatik weiß. Was würdest du sie / ihn gerne fragen?". Im Gegensatz zu der Fragestellung aus einer früheren Untersuchung zum Kontext Mobiltelefone [DBW10] wurde der konkrete Begriff „Mobiltelefone" nun durch den abstrakten Begriff Informatik ersetzt. Dies geschah um den Schülern größtmögliche Gedankenfreiheit und kleinstmögliche Beeinflussung durch die Fragestellung zu gewährleisten und auch um genau die Assoziationen zum Begriff Informatik zu erheben. Abbildung 1 zeigt einen solchen Bogen beispielhaft.

Bei dem Lehrer-Fragebogen wurde diese Fragestellung so angepasst, dass die Vorstellungen der Lehrkräfte über die Interessen von Schülern adressiert wurden und nicht die Interessen der Lehrer selbst. Somit änderten wir die Fragestellung zu einer Meta-Frage: „Was vermuten Sie: Welche Fragen werden Ihre Schülerinnen und Schüler bei der folgenden Aufgabenstellung aufschreiben? „Stelle dir vor, du triffst eine Expertin / einen Experten, die / der alles über Informatik weiß. Was würdest du sie / ihn gerne fragen?".

Die Fragebögen wurden so bereitgestellt, dass sie sowohl in Papierform als auch online ausgefüllt werden konnten. Die Ergebnisse dieser beiden Erhebungen werden in den nächsten beiden Kapiteln dargestellt.

---

[4] Davon 65 von Schülern und 20 von Schülerinnen. Insgesamt gingen 380 Fragebögen online und 27 auf Papier ein, nur 105 der Online-Bögen waren vollständig, aber trotzdem nicht alle verwertbar.

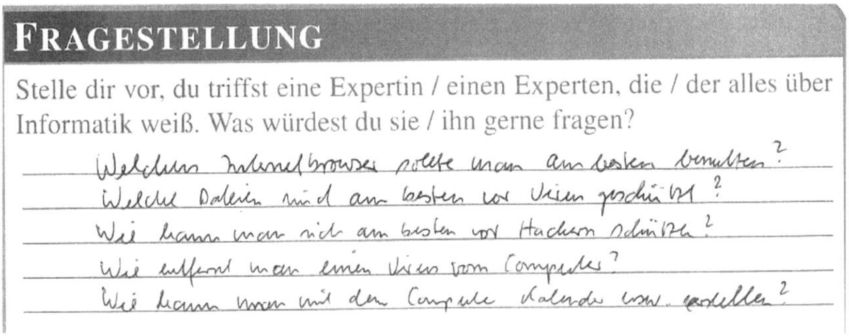

Abbildung 1: Beispielhafter Schülerfragebogen

3   Auswertung der Schülerfragen

Zur Auswertung der Fragebögen wurde die qualitative Inhaltsanalyse nach Mayring [Ma10] genutzt. Das allgemeine Vorgehen bei dieser Auswertungsmethode ist die Reduktion des Gesamtmaterials auf eine Reihe von Kategorien. Im Falle unserer Untersuchung bedeutete dies, dass jede Frage einer (oder gegebenenfalls auch mehrerer) Kategorien zugeordnet wurde. Innerhalb dieses Vorgehens entstand somit ein System von Kategorien, das die Fragen ordnet. Dieses System wurde dann, wie von Mayring vorgesehen, mehrmals nach einem bestimmten Anteil des Materials überprüft und angepasst. Dieser Vorgang wiederholte sich, bis jede Frage klar bestimmten Kategorien zugeordnet werden konnte. Dabei wurde nach jeder Überprüfung wieder am Anfang des Materials mit der Einsortierung der Fragen begonnen.

Abbildung 2: Kategoriensystem der Untersuchung

Bei diesem Vorgehen wurde das Kategoriensystem, das Wilken [Wi13] bei einer ähnlichen Untersuchung mit Grundschülern erarbeitete, als Ausgangsbasis gewählt, aus der sich im Laufe der Inhaltsanalyse ein neues Kategoriensystem entwickelte. Genauer gesagt wurden durch die Inhaltsanalyse die erhobenen Schülerfragen auf 11 Kategorien reduziert, die teilweise noch einige Unterkategorien (wie Sicherheit / Stabilität oder Funktionsweise) enthielten. Bei diesen 11 Kategorien handelt es sich um *Programmierung, Computer, Hacking, Internet, Informatik, Berufsbezogen, Nicht relevant / verwertbar, Roboter, Handy, Bild / Ton / Video* und *Anderes Thema*. Abb. 2 zeigt eine Auflistung der Kategorien mitsamt Unterkategorien.

In die Kategorie *Nicht relevant / verwertbar* wurden Fragen einsortiert, die nicht im Sinne der Forschungsfrage ausgewertet werden konnten. Dies waren vor allem Fragen, die sich an die Expertin / den Experten selbst richteten und die Art und Weise erfragten, auf die sie / er das Wissen über Informatik erlangte. In die Kategorie *Anderes Thema* wurden die Fragen einsortiert, die spekulativ sind oder mit Informatik nur am Rande zu tun hatten. Ein Beispiel für eine solche Frage war „Gibt es das perfekte Überwachungssystem?" Die jeweiligen Anteile der einzelnen Kategorien an den Ergebnissen zeigt Abb. 3.

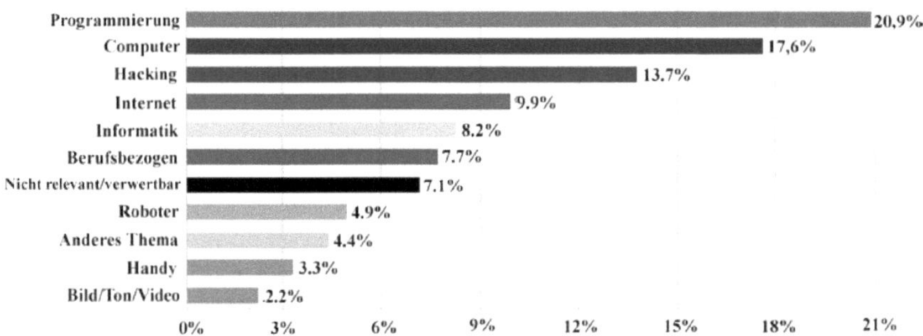

Abbildung 3: Ergebnis der Analyse der Schülerfragen

Hier sieht man, dass sich die befragten Schüler offenbar stark für die Themen Computer, Programmierung, Hacking und Internet interessieren. Dies deckt sich mit den bisher bekannten Ergebnissen anderer Studien. Ordnet man die Items der geschlossenen Befragungen von Barthel [Ba10] und auch die von Magenheim und Schulte [MS05] nach diesem Kategoriensystem, ergeben sich sehr ähnliche Verteilungen. Offensichtlich haben sich die Interessen der Schülerinnen und Schüler zum Fach Informatik innerhalb der vergangenen 10 Jahre kaum verändert.

4 Auswertung der Lehrerantworten

Auch die Fragen, die die Lehrkräfte als mögliche Schülerfragen antizipierten, wurden ebenfalls mithilfe qualitativer Inhaltsanalyse ausgewertet. Dabei wurde das Kategoriensystem verwendet, dass sich bei der Analyse der Schülerfragen ergab, damit ein

Vergleich zwischen Schüler- und Lehrerfragen stattfinden konnte. Auch hierbei fand eine Rücküberprüfung des Kategoriensystems statt, deren Ergebnisse dann auch wieder auf die Schülerfragen angewendet wurden, vgl. Abb. 4.

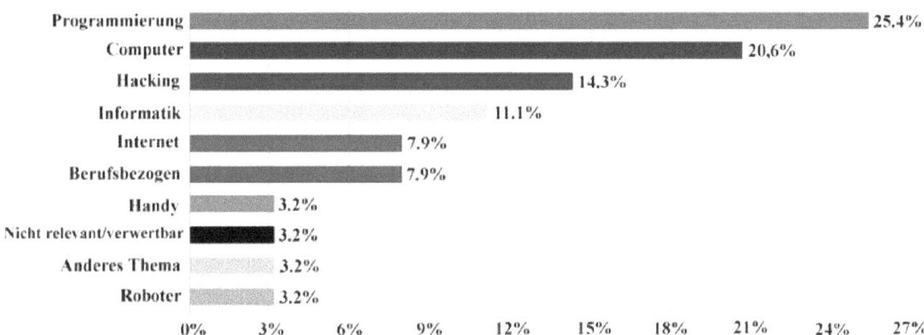

Abbildung 4: Ergebnis der Analyse der Lehrerfragen

Das Ergebnis dieser Analyse ist somit, dass Lehrer denken, dass sich ihre Schüler am meisten für Programmierung, Computer und Hacking interessieren.

5 Vergleich Schüler und Lehrer

Der Vergleich zwischen Schüler- und Lehrer-Antworten ergibt in den häufigsten Kategorien Übereinstimmungen der Ergebnisse der beiden Erhebungen. Die Lehrkräfte können die Themen der Fragen ihrer Schüler also gut voraussagen. So stimmen die drei am häufigsten beschriebenen Themen (Programmierung, Computer und Hacking) bei Schülern und Lehrkräften überein. Insbesondere bemerkenswert ist auch, dass die Abweichung der jeweiligen prozentualen Anteile dieser drei Themen zwischen beiden Erhebungen relativ gering ist (maximal 4,6 %). Auch bei den anderen Kategorien ist eine große Übereinstimmung der Ergebnisse zu erkennen (Informatik als Disziplin, Berufsbezogenes, Roboter, Handy, …).

Unterzieht man aber die Unterkategorien einer detaillierteren Betrachtung, ergeben sich auch Unterschiede. So taucht die Unterkategorie Sicherheit/Stabilität der Kategorie Computer, die bei den Lernenden mit einem prozentualen Anteil von etwa 34% anteilsmäßig stärkste Unterkategorie der Kategorie Computer ausmachte, bei den von Lehrpersonen antizipierten Fragen überhaupt nicht auf. Hier wäre also ein Bereich identifiziert, den Lehrkräfte stärker in den Blick nehmen sollten. In Tabelle 1 sind die Unterkategorien dargestellt, bei denen die größten Unterschiede zwischen dem Anteil an den Schüler- und Lehrer-Antworten zu verzeichnen waren. Die Themen Computer, Entwicklung des Computers und Informatik als Disziplin werden von den Lehrpersonen als deutlich interessanter eingeschätzt, als sie es für die Schüler tatsächlich sind. Demgegenüber steht die schon angesprochene Kategorie Sicherheit und Stabilität des Computers, bei der es sich entgegengesetzt verhält.

Tabelle 1: ausgewählte Kategorien mit Häufigkeiten

(Unter-)Kategorie	Anteil an Schüler-Antworten in %	Anteil an Lehrer-Antworten in %
Computer	2,75	9,52
Computer: Entwicklung	0,55	4,76
Computer: Sicherheit / Stabilität	6,05	0
Informatik	4,95	9,52

Trotz der deutlichen Abweichungen in diesen Kategorien, sind insbesondere auch die Übereinstimmungen zwischen den Anteilen der Kategorien an den Schüler- und Lehrer-Antworten bemerkenswert. So betragen die Unterschiede bei 15 von 34 Unterkategorien weniger als 1,5 % und bei 10 dieser 15 sogar weniger als 1%.

Interessant sind auch weitere Kategorien, an denen die Schüler interessierter waren als die Lehrpersonen glaubten. Ein Beispiel für eine solche Kategorie ist Bild / Ton / Video. Diese Kategorie tauchte in den Antworten der Lehrpersonen überhaupt nicht auf. Die Fragen der Schüler zu diesem Thema wie „Was hat man beim Bearbeiten von Videos zu beachten?" beschäftigten sich ausschließlich mit der Herstellung und Bearbeitung von Medien.

Ein weiteres Thema, an dem die Schüler mit Fragen wie „Wie ist ein Computer aufgebaut?" Interesse zeigten, ist das Thema Herstellung und Aufbau von Computern. Auch an der Funktionsweise von Handys waren die Schüler interessiert. Diese Themen könnten daher mit praktischen Anteilen wie das Auseinander- oder Zusammenbauen von Computerhardware (z.B. ausgedienten Laptops) oder sogar Handys nach wie vor im Unterricht seinen Platz finden.

Das letzte Thema, zu dem die Schüler mehr Fragen gestellt haben als die Lehrer, ist die Funktionsweise von Hacking. Die Beantwortung von Fragen wie „Wie kann ich den Account meines Banknachbars knacken?" erfordert im Unterricht sicherlich viel Fingerspitzengefühl. Unserer Meinung nach könnte die Behandlung der Hacking-Thematik im Unterricht jedoch durchaus fruchten, da man in diesem Kontext viele Themen wie Kryptographie, Sicherheit von Passwörtern oder auch Verantwortung im Umgang mit dem Computer vermitteln kann.

6   Schlussfolgerungen für den Informatikunterricht

Im Informatik-Unterricht entsteht laut Barthel [Ba10] Unzufriedenheit, falls das Bild von Informatik der Schüler zu sehr von dem Bild des Lehrers abweicht. Die Ergebnisse dieser Erhebungen lassen nun darauf schließen, dass die Vorstellung der Lehrpersonen mit denen über die Interessen ihrer Schüler sehr gut zusammenpasst

Somit sollte man als Lehrperson versuchen diese Vorstellung über die Interessen der Schüler für den Informatik-Unterricht zu nutzen. Ein Großteil der Schülerfragen lassen sich mit aktuellen curricularen Vorgaben verbinden, z.B. dem neuen niedersächsischen Kerncurriculum oder den GI-Bildungsstandards [GI08]. Dabei kann einerseits auf die hier vorgestellten Themengebiete zurückgegriffen werden, andererseits könnte eine eigene Durchführung des erläuterten Fragebogens auch hilfreich sein. Dies könnte beispielsweise am Anfang eines Schuljahres geschehen, um etwas über die Interessen des jeweiligen Kurses im Speziellen herauszufinden.

Tabelle 2 zeigt abschließend einige beispielhafte Fragen für die gefundenen Kategorien:

Tabelle 2: ausgewählte Schülerfragen

Kategorie	Schülerfrage
Berufsbezogen	Welches Gebiet der Informatik muss man beherrschen um Spieledesigner zu werden?
Berufsbezogen	Welche Berufsgruppen werden im IT-Bereich in Zukunft verstärkt gebraucht?
Bild/Ton/Video: Herstellung / Bearbeitung	Wie funktioniert Photoshop (oder anderes Bearbeitungsprogramm)?
Computer	Was ist OverClocken?
Computer: Funktionsweise	Wie kann der Computer alles verarbeiten was man eingibt?
Computer: Funktionsweise	Wie funktionieren einzelne Computer-Komponenten (Grafikkarte, Prozessor, usw.)?
Computer: Sicherheit / Stabilität	Wie kann man seinen privaten PC vor fremden Angriffen schützen?
Hacking: Funktionsweise	Wie kann man Passwörter und Codes, egal wie lang sie sind und egal welcher Art, knacken?
Hacking: Sicherheit / Stabilität	Wie schütze ich mich im Internet gegen Hacker, Viren, ...?
Informatik	In welche Richtungen wird in der Informatik geforscht?
Internet: Funktionsweise	Wie funktioniert das Netz mit den Servern (Internet)?
Internet: Sicherheit / Stabilität	Wie behält man im Netz eine sichere Identität?
Programmierung	Was sind die Vorteile von häufig genutzten Programmiersprachen gegenüber nicht so häufig genutzten?
Roboter: Entwicklung	In welchen Jahr könnte es einen Roboter geben, der wie ein Mensch Gefühle und Emotionen wahrnehmen kann?
Roboter: Herstellung / Aufbau	Ist es möglich eine funktionierende KI (künstliche Intelligenz) zu programmieren?

Literaturverzeichnis

[Ba10]   Barthel, H.: Informatikunterricht - Wünsche und Erwartungen von Schülerinnen und Schülern. Dissertation, Christian-Albrechts-Universität zu Kiel. 2010.

[BTY16]   Borsch, J., Thomas, M. und Yomayuza, A.: Informatische Bildung in den frühen Klassen der Sekundarstufe I – eine explorative Studie in den Regierungsbezirken Münster und Detmold, Münsteraner Workshop zur Schulinformatik, 2016

[BG14]   Brakhage, H. and Gläser-Zikuda, M.: Förderung naturwissenschaftlicher Kompetenzen im Rahmen eines interessenintegrierenden Physikunterrichts. In Jantowski, A. and Möllers, R., editors, Unterricht im Spannungsfeld zwischen Kompetenz und Standardorientierung, pages 104–113. ThILLM, Bad Berka. 2014.

[DBW10]   Diethelm, Ira; Borowski, Christian and Weber, Thomas: Identifying relevant CS contexts using the miracle question. In: 10th Koli Calling International Conference on Computing Education Research (2010), S. 74–75.

[GI08]   Gesellschaft für Informatik: Grundsätze und Standards für die Informatik in der Schule – Bildungsstandards Sekundarstufe I, www.informatikstandards.de, 2008.

[MS05]   Magenheim, J. and Schulte, C.: Erwartungen und Wahlverhalten von Schülerinnen und Schülern gegenüber dem Schulfach Informatik-Ergebnisse einer Umfrage. INFOS2005–11. GI-Fachtagung Informatik und Schule. S, 111–122. 2005.

[Ma10]   Mayring, P.: Qualitative Inhaltsanalyse – Grundlagen und Techniken. 11., aktualisierte und überarb. Auflage. Beltz GmbH, Julius, Weinheim. 2010.

[SDK08]   Shazer, Steve d.; Dolan, Yvonne and Kibéd, Matthias von V.: Mehr als ein Wunder - lösungsfokussierte Kurztherapie heute. 4. ed.. Heidelberg : Carl-Auer-Verlag, 2008.

[Wi13]   Wilken, H.: Qualitative Analyse von empirisch erhobenen Fragen von Grundschülerinnen und Grundschülern zu Internet, Computer, Handy & CO. Masterarbeit, Carl-von-Ossietzky-Universität Oldenburg. 2013.

Informatische Bildung in den frühen Klassen der Sekundarstufe I

Eine explorative Studie in den Regierungsbezirken Münster und Detmold

Johanna Borsch[1], Marco Thomas[2] und Angélica Yomayuza[3]

Abstract: Seit Herbst 2013 versucht unser Arbeitsbereich, empirisch fundierte Informationen zur Situation einer informatischen Bildung in Nordrhein-Westfalen zu gewinnen. In diesem Beitrag fokussieren wir unsere Auswertungen auf die Ergebnisse der jüngsten Umfragen unter Schulleitern und Informatiklehrern an über 100 Schulen in den Regierungsbezirken Münster und Detmold, insbesondere zu den frühen Jahrgangsstufen in der Sekundarstufe I.

Keywords: Informatik, Unterricht, Didaktik, Schule, Sichtweisen, Bildung

1   Einleitung

In Nordrhein-Westfalen (NRW) existieren aktuell zahlreiche Schulformen, an denen eine informatische Bildung[4] ermöglicht wird, wobei in den nächsten Jahren Haupt- und Realschulen wohl zunehmend in Sekundarschulen überführt werden sowie Förderschulen aufgrund der Inklusionspolitik aufgelöst werden. An den Schulen in Nordrhein-Westfalen werden insgesamt über 2.5 Millionen Schüler[5] in der Primarstufe, der Sekundarstufe I und der Sekundarstufe II unterrichtet. Die amtliche Schulstatistik NRWs [NW14] zum Schuljahr 2014/15 gibt an, dass insgesamt 3.050 Lehrerinnen und Lehrer eine Lehrbefähigung für das Schulfach Informatik haben[6]. Zu berücksichtigen ist, dass eine Lehrbefähigung vom Ministerium erteilt wird und diese keine Aussage hinsichtlich der Qualifikation der Lehrkraft macht, also ob ein grundständiges Studium[7], ein von den Bezirksregierungen organisierter „Zertifikatskurs" oder anderes absolviert wurde.

---

[1] Westfälische Wilhelms-Universität Münster , Didaktik der Informatik, Fliednerstrasse 21, 48149 Münster, johanna.borsch@uni-muenster.de

[2] s. o., marco.thomas@uni-muenster.de

[3] s. o., angelica.yomayuza@uni-muenster.de

[4] In Abgrenzung zum aktuell populären Begriff »Digitale Bildung« fokussieren wir auf den etablierten Begriff »Informatische Bildung«, da ersterer eher medienpädagogische Ziele verfolgt, während letzterer seit Jahrzehnten verwendet wird und über Bildungsstandards u. a. definiert ist. Vgl. a. [GI08].

[5] Soweit im Folgenden Gruppen- und Personenbezeichnungen Verwendung finden, so ist mit der männlichen Form auch stets die jeweils weibliche Form gemeint, außer wenn dies explizit anders benannt wird.

[6] Zum Vergleich: für die Fächer Chemie und Physik haben jeweils rund 8.000 Lehrerinnen und Lehrer eine Lehrbefähigung.

[7] In NRW kann das Lehramt Informatik für die Sekundarstufe I derzeit nur an den Universitäten Paderborn und Siegen studiert werden.

Schulform[8]	G	H	R	S	Ge	Gym	F	BK	WK
Schulen	2.882	493	563	109	306	625	613	381	55
Schüler in Tsd.	625	119	263	29	266	539	85	570	25
Informatiklehrer	5	118	546	34	310	1419	28	508	74
davon weiblich	3	35	171	12	83	310	12	133	16

Tab. 1: Daten zu den Schulformen in NRW 2014/15 nach [NW14]

	Schulen mit Informatikangebot		Teilnehmende Schüler		darunter in Jgst.							
	absolut	in %	absolut	in %	5	6	7	8	9	10	Sonstige	GOSt
Hauptschule	342	69	25541	21	735	1270	4557	5852	6395	5201	1531	
Realschule	512	91	62341	24	6034	5796	13497	13866	10201	9218	3729	
Sekundarschule	59	54	4388	15	1330	980	831	277	186	202	582	
Gesamtschule	225	74	26798	10	3562	2362	3359	3134	3694	2586	3444	4657
Gymnasium	585	93	87219	16	7843	3947	6247	13845	12875	19	4339	38104

Tab. 2: Informatikangebot und Teilnehmerzahlen 2014/15 nach [NW14]

Nach Aussage der amtlichen Schulstatistik wird das Fach Informatik an einer großen Mehrheit der Schulen angeboten. Trotz fehlender Lehrpläne findet sich Informatik auch in den Jahrgangsstufen 5 und 6 (Tab. 2). Es ist jedoch nicht ausreichend bekannt, welche Inhalte und Ziele in dem gemeldeten Informatikunterricht in der Sekundarstufe I gesetzt sind bzw. auf welcher Basis ein Unterricht in diesen Jahrgangsstufen als »Informatik« bezeichnet wird[9]. Die Zahlen lassen sich durch schulinterne Informatikkurse in diesen Stufen allein nicht erklären. Möglicherweise wird Unterricht zum NRW Medienpass [M16] o. ä. als Informatikunterricht gemeldet. Insgesamt ist in Tab. 2 deutlich erkennbar, dass nur wenige Schüler eine informatische Bildung in einem Schuljahr erwerben. Auffällig sind die geringeren prozentualen Teilnehmerzahlen in den Gesamtschulen im Vergleich zu Haupt- und Realschulen.

Mit unserem Projekt „Kriterien zum Informatikunterricht von Schülerinnen und Schülern" (KISS) versuchen wir im Rahmen der begrenzten Kapazitäten zu analysieren, warum Schüler Informatik in der Schule wählen[10] bzw. warum sie es nicht wählen oder gar abwählen. In den Jahren 2013 bis 2015 haben wir Schüler der Klassen 8 und 9 zur Anwahl von Informatikkursen in der Sekundarstufe I befragt. Erste Auswertungen dieser Studien bestätigten Erfahrungen der Schulpraxis und zeigten einige interessante

---

[8] G = Grundschule, H = Hauptschule, R = Realschule; S = Sekundarschule, Ge = Gesamtschule, Gym = Gymnasium, F = Förderschulen, BK = Berufskolleg, WK = Weiterbildungskolleg

[9] Seit dem Schuljahr 2015/16 existiert wieder ein Lehrplan für den Wahlpflichtbereich an Realschulen in NRW [L15], der sich nun an den Empfehlungen für Bildungsstandards zur Informatischen Bildung [GI08] orientiert.

[10] In NRW ist Informatik in den Sekundarstufen nur ein Wahlpflichtfach, das frühestens in der Klasse 7 startet.

Zusammenhänge auf ([TY14], [JTY15]). Im Herbst 2015 wurden erstmals auch Schulleitungen und Informatiklehrer[11] befragt, so dass nun einerseits drei verschiedene Sichtweisen auf den Informatikunterricht und seine Bedeutung für die allgemeinbildende Schule vergleichend betrachtet werden können und andererseits das Verständnis des Begriffs „Informatik" an den Schulen näher analysiert werden kann.

2   Ziele der Studie

Um die Situation des Informatikunterrichts zu verbessern, sollen mit der Umfrage explorativ Erkenntnisse zum Bild der Informatik bei Schulleitern und Informatiklehrern gewonnen werden, auch um diese mit den Ergebnissen aus den Schülerumfragen zu vergleichen. Das Angebot zur informatischen Bildung der Schulen soll quantitativ erfasst werden, wobei zwischen curricularem Informatikunterricht und anderen Formen einer informatischen Bildung unterschieden wird. Freitextantworten ergänzen das Bild der Situation einer informatischen Bildung an den Schulen, da Informatik oft in außercurricularen schulischen Veranstaltungen angeboten wird.

Der Lehrer ist ein entscheidender Faktor für die Ausbildung einer Sichtweise auf ein (Schul-)Fach bei Schülern. Die fachliche Qualifikation des Lehrers bestimmt diese Ausbildung mit und soll daher in der Studie ebenso wie die Einschätzung der Lehrer von Schülererwartungen an das Fach und Schülervorkenntnissen ermittelt werden. Auch die methodische Gestaltung von Unterricht soll mit Schülervorstellungen verglichen werden können.

3   Untersuchungsmethodik

Die Erhebung der Daten erfolgte quantitativ mit einem standardisierten Fragebogen unter Verwendung 5-stufiger Skalen (zzgl. offener Fragen)[12]. Der Fragebogen für die Schulleiter umfasste zwei Seiten und konnte sowohl online als auch papiergebunden eingereicht werden. Für die Informatiklehrer wurde auf eine Papierversion verzichtet und der Fragebogen umfasste ca. vier A4-Seiten. Um eine akzeptable Rücklaufquote zu erzielen, wurde auf umfangreichere Fragebögen verzichtet.

Der Schulleiterfragebogen umfasste Abschnitte zur Person und zur Schule, zum Informatikangebot und zur Fortbildungssituation. Im Bogen für die Informatiklehrer wurde detaillierter nach der Qualifikation, dem Informatikangebot, der Gestaltung des Unterrichts und der Einschätzung von Vorkenntnissen der Schüler gefragt, wobei die Fragen(-blöcke) sich an denen orientierten, mit denen wir die Schüler zuvor befragt hatten. In beiden Fragebögen wurde explizit zwischen einer verpflichtenden informatischen Grundbildung (VIG), wie sie an einigen Schulen schulintern

---

[11] Wir bezeichnen in diesem Beitrag mit „Informatiklehrer" alle Lehrkräfte, die angeben, dass sie Informatik in einer Schule unterrichten bzw. eine Lehrbefähigung erhalten haben.

[12] Fragebögen und die diesem Beitrag zugrundeliegenden Daten werden in unserer Publikationsliste unter http://ddi.uni-muenster.de zur Verfügung gestellt.

durchgeführt wird, einer informatischen Grundbildung (ITG) und einem Informatikunterricht (IU) unterschieden. Im September 2015 wurde zunächst für zwei Wochen die Schulleiterumfrage gestartet. Letztlich mussten alle Umfragen bis Mitte Januar verlängert werden, um eine ausreichend hohe Teilnahmequote zu erreichen.

4   Datenerhebung

Gegenstand der Untersuchungen sind Lehrer, die Informatik unterrichten, und Schulleiter. Angeschrieben werden sollten über die Bezirksregierungen Münster und Detmold alle Real-, Gesamt- und Sekundarschulen sowie Gymnasien. Allerdings erhielten wir auch Rückmeldungen von Hauptschulen.

Schulform[13]	H	R	S	Ge	Gym
Bez. Reg. Münster	83	98	24	43	91
Bez. Reg. Detmold	62	77	22	41	72
Insgesamt	145	175	46	84	163

Tabelle 3: Intendierte Population. Quelle: [NW16]

An der Umfrage haben 158 verschiedene Schulen teilgenommen. Von 118 Schulleitern und 96 Lehrern haben wir Daten auswerten können[14], wobei wir Rückmeldungen vorwiegend von Gymnasien erhielten.

Schulform	R	S	Ge	Gym	Andere/k.A.	insgesamt
Lehrer	14	2	10	65	5	96[15]
Schulleiter	12	12	29	50	15[16]	118

Tabelle 4: Stichprobe der Umfrage zum Informatikangebot 2015/16

Wenn man von den Realschulen absieht, liegt die Rückmeldequote[17] bei den einzelnen Schulformen über 25%.

---

[13] G = Grundschule, H = Hauptschule, R = Realschule; S = Sekundarschule, Ge = Gesamtschule, Gym = Gymnasium, F = Förderschulen, BK = Berufskolleg, WK = Weiterbildungskolleg

[14] An sieben Schulen haben mehr als ein Informatiklehrer geantwortet.

[15] Davon 28 % weiblich.

[16] In der Gruppe „Andere" bei den Schulleitern, befinden sich 12 Hauptschulen und zwei Gemeinschaftsschulen, jeweils aus den Regierungsbezirken Münster und Detmold.

[17] Unter Rückmeldequote wird der Quotient aus teilnehmenden Schulleitern einer Schulform und Gesamtanzahl an Schulen einer Schulform in den Regierungsbezirken Münster und Detmold verstanden, denn bei der Erstellung der Datengrundlage wurde darauf geachtet, dass pro Schule nur ein Datensatz berücksichtigt wird. Von separaten Auswertungen der einzelnen Schulformen wird mit Ausnahme von Gymnasien und Tabelle 6 abgesehen, da dort die absolute Fallzahl so gering ist, dass die Ergebnisse großen Schwankungen unterworfen sein können.

5 Ergebnisse und Auswertung

Die teilweise geringe Datenlage bedingt eine vorsichtige Interpretationsweise, die häufig nur tendenzielle Aussagen zulässt. Wir gehen im Folgenden auf nur einige Ergebnisse aus den Schulleiter- bzw. Lehrerumfragen ein und vergleichen diese bei Bedarf mit den Erkenntnissen aus den Umfragen bei den Schülern.

Informatikangebot an den Schulen:

- Eine verpflichtende informatische Grundbildung (VIG) findet trotz fehlender Lehrpläne nach Angaben der teilnehmenden Schulleiter an 22,6% der Schulen bereits ab Jahrgangsstufe 5 statt (unabhängig von der Schulform). Ein höherer Stellenwert von Informatik im Schulprofil geht signifikant einher mit einem größeren Angebot an VIG.

- Zu einer fachintegrierten informatischen Grundbildung (FIG) könnten Schulleiter auch ein fächerverbindendes ITG-Konzept oder den Medienpass NRW zählen. Trotzdem geben für die Jahrgangsstufen 5 bis 10 nur je ca. 25% der Schulen an, dass eine FIG stattfindet. Auch hier lässt sich ein starker Zusammenhang des Schulprofils mit dem Angebot an FIG feststellen.

- Vor der Jahrgangsstufe 8 findet nur selten Unterricht statt, der von den Befragten als Informatikunterricht bezeichnet wird. In den Jahrgangsstufen 8 und 9 liegt der Anteil der Schulen mit Informatik bei rund 55%. In der GOST wird Informatik an gut 80% der Gymnasien angeboten. Auch hier ist ein signifikanter Zusammenhang zwischen einem informatik-affinen Schulprofil und dem Angebot von Informatik an der Schule vorhanden.

Vergleicht man die Antworten von Informatiklehrern zu den Formen informatischer Bildung mit denen der Schulleiter, die letztlich das schulische Angebot an die Bezirksregierung melden, lassen sich einige Tendenzen aufzeigen.

- VIG: Die Einschätzung der Lehrer deckt sich im Wesentlichen mit der der Schulleiter. Die einzige deutliche Abweichung lässt sich in Stufe 6 erkennen. Hier geben nur ca. 9% der Lehrer an, dass es in Stufe 6 eine VIG gibt, während 17%[18] der Schulleiter diese Meinung vertreten.

- FIG: Die Schulleiter schätzen das Angebot an FIG etwas höher ein als die Lehrer. Während sich Schulleiter und Lehrer in Bezug auf Stufe 6 relativ einig sind, liegen die Schulleiter in den Jahrgangsstufen 5 sowie 7 bis 10 etwa neun Prozentpunkte über den Lehrern.

- IU: 12% der teilnehmenden Informatiklehrer geben an, dass Sie in Stufe 5 Informatik unterrichten, obwohl nur 3,3% an ihrer Schule ein Informatikangebot in Stufe 5 haben. An Gymnasien ist dieses Phänomen nicht zu erkennen[19]. In

---

[18] Die Prozentangaben beziehen sich auf die gültigen Antworten.
[19] Möglicherweise sind die Kriterien, nach denen Unterricht als Informatikunterricht eingeordnet wird, unterschiedlich. Denkbar ist auch, dass erst im 2. Teil unseres Fragebogens eine stärkere Differenzierung

Bezug auf den Informatikunterricht gibt es vor allem in den Stufen 8 und 9 eine deutliche Diskrepanz zwischen Schulleitern und Informatiklehrern. Auch wenn man nur Gymnasien betrachtet und je Schule nur einen Informatiklehrer zulässt, liegt der Unterschied bei gut zehn Prozentpunkten. Dies könnte darauf hindeuten, dass Schulleiter (an Gymnasien) Informatik im Wahlpflichtbereich nicht als Informatikunterricht verstehen (z. B. wenn es sich um Kombikurse handelt).

Inhalte in VIG und IU:

- In der VIG werden nach Einschätzung der Informatiklehrer eher Anwendungen nutzungsorientiert betrachtet, während im Informatikunterricht kerninformatische Inhalte im Fokus stehen. Allerdings finden sich auch verblüffende Trends wie die Ablehnung von „Analysieren und Modellieren von Automaten" für den Informatikunterricht. Zum Vergleich haben wir die Erwartungen der Schüler an den Informatikunterricht im Wahlpflichtbereich in die Tabelle integriert [JTY15], sofern sie zu den Themen erfasst wurden.

Themen	Mittelwerte		U-Test[20] - P=	Erwartung der Schüler zum IU – Umfrage KISS 2014[21]
	VIG	IU		
Diskussion der Möglichkeiten und Gefahren der Computernutzung	**2,66**	**2,71**	0,782	*ablehnend*
Analysieren der Funktionsweise von Computern	1,81	**2,39**	0,000	zustimmend
Recherchieren im Internet	**2,70**	2,29	0,001	indifferent
Arbeiten mit Textverarbeitungssoftware	**2,57**	2,07	0,001	zustimmend
Bearbeiten von Bildern und Videos	1,91	1,77	0,353	*zustimmend*
Programmieren von Software	1,74	**2,42**	0,000	zustimmend
Beschreiben von Lösungswegen	2,06	**2,64**	0,000	*zustimmend*
Programmieren von Robotern	1,45	**2,36**	0,000	indifferent
Arbeiten mit Tabellenkalkulation	**2,52**	**2,48**	0,646	zustimmend
Erstellen von Datenbanken	1,52	1,86	0,041	*zustimmend*
Strukturieren und Darstellen von komplexen Zusammenhängen	1,92	**2,32**	0,014	*zustimmend*
Präsentieren mit Powerpoint o. ä.	**2,51**	2,21	0,041	zustimmend
Analysieren und Modellieren von Automaten	1,42	1,65	0,108	-
Argumentieren über informatische Sachverhalten	1,87	2,3	0,012	-

Tabelle 5: Einschätzung der Relevanz von Inhalten in VIG und IU[22]

- Besonders stark erkennt man den Trend zu anwendungsorientierter Softwarenutzung in den Stufen 5 bis 7 an Gymnasien. Hier gibt die große Mehrheit der Lehrer an, dass das Arbeiten mit Textverarbeitungssoftware, mit Tabellenkalkulation und PowerPoint Bestandteil ihres Informatikunterrichts ist. Darüber

---

zwischen IU und anderen Formen informatischer Bildung erkannt wird.

[20] Liefert der U-Test ein P <0,05 sind die Unterschiede in der mittleren Einschätzung bzgl. Informatikunterricht und VIG der Lehrer signifikant.

[21] Kursive Formatierung steht hier für eine Tendenz

[22] Ein Mittelwert von 1 suggeriert Ablehnung und ein Mittelwert von 3 Zustimmung. Werte > 2,3 wurden fett markiert.

hinaus sind Recherchieren im Internet und Diskussion der Möglichkeiten und Gefahren Bestandteil der VIG.

- Vergleicht man für die Jahrgangsstufen 7 und 8 an Gymnasien[23] die Einschätzungen der Lehrer in Bezug auf die Anwenderkenntnisse von Schülern mit der Selbsteinschätzung der Schüler (KISS 2014 in [TY14]) kann man folgende Vermutungen aufstellen:

    – Vorkenntnisse zu E-Mail, Bild-/ Videobearbeitung, Tabellenkalkulation, Textverarbeitung und Präsentationsprogrammen werden von Schüler signifkant höher eingeschätzt als von Lehrern.

    – Bei Programmiersprachen und WWW/Web-Browser sind keine bzw. geringe Abweichungen feststellbar.

    Auch hier lassen sich Zusammenhänge mit der Schulform aufzeigen. Ob die Lehrer die Fähigkeiten der Schüler unterschätzen oder sich die Schüler zu gut einschätzen, z. B. weil sie keinen Überblick zu den Möglichkeiten haben, kann hier nicht interpretiert werden.

- Über alle Schulformen gesehen, schätzen die Lehrer als Vorlieben der Schüler

    – das Realisieren von Softwareprojekten (84%),

    – viel Arbeit in Kleingruppen (76%),

    – Software benutzen (z. B. Texte oder Bilder bearbeiten; 70%) und

    – viel am Computer arbeiten (89%)

    in Bezug auf den Informatikunterricht ein. Als unbeliebt stufen sie das „Lösen von mathematischen Aufgaben" (67%) ein. Auffällig ist die vergleichsweise geringe Fallzahl bei der Frage nach berufspraktischen Beispielen. Man könnte vermuten, dass die Lehrer diesen Punkt nicht besonders gut einschätzen können. Dies unterstützt auch die ähnliche prozentuale Verteilung der Einschätzung zwischen beliebt und unbeliebt zu diesem Punkt.

- Signifikante Einflüsse lassen sich zwischen Schulform, Geschlecht, der fachlichen Qualifikation und den Einschätzungen der Lehrer zur Beliebtheit der Arbeits formen nur selten aufzeigen (hierzu ist auch die Datenlage zu gering). Folgende Zusammenhänge sind statistisch signifikant:

    – „Zusammenhänge selbst erarbeiten lassen" und Schulform bzw. fachliche Qualifikation (p=0,000)

    – „mit berufspraktischen Beispielen arbeiten" und Geschlecht

    – „Software benutzen (z. B. Texte oder Bilder bearbeiten)" und fachliche Qualifikation (p=0,018)

---

[23] Nur für diese Schulform ist die Datengrundlage hinreichend hoch.

Fachliche Qualifikation der Lehrkräfte:

* Aus den Rückmeldungen der Informatiklehrer lässt sich erkennen, dass etwas über die Hälfte der Informatiklehrer tatsächlich Informatik studiert hat. Insgesamt haben 40,6% aller Informatiklehrkräfte ein Lehramtsstudium Informatik und 12,5% ein Informatikstudium absolviert. Fast ein Drittel der Lehrer (30,2%) haben an einer Nachqualifizierung (bezirksregierungsinterner Zertifikatskurs) teilgenommen. 10,4 % der Lehrer unterrichten fachfremd.

Qualifikation (in%)[24] / Schulform	R + S	Ge	Gym
Fachfremd	19	30	3
Zertifikatskurs	63	40	28
Lehramtsstudium Informatik	6	10	49
Quereinstieg mit Informatikabschluss	6	10	15
Andere bzw. keine Angabe	6	10	5
Total	100	100	100

Tabelle 6: Qualifikation der Informatiklehrer

6   Fazit und Ausblick

Es ist nach wie vor schwierig, fundierte Daten zum Informatikunterricht zu erhalten, um zu verlässlichen Interpretationen zu gelangen. Eine stärkere Unterstützung durch die Bezirksregierungen dürfte erforderlich sein. Leider haben wir nicht die Kapazitäten, um langfristige Studien durchführen zu können. Es ist uns bei allen seit 2013 durchgeführten Umfragen bisher organisatorisch nicht gelungen, wirklich zufriedenstellend hohe Rückmeldequoten zu erzielen, um in allen intendierten Fragebereichen zu statistisch signifikanteren Aussagen kommen zu können.

Unsere Studien zeigen jedoch, dass es durchaus Aufklärungsbedarf zu den Elementen einer informatischen Bildung (VIG, ITG, IU o. a.) gibt. Gerade vor dem Hintergrund des Medienpasses in NRW [M16] scheinen Unsicherheiten hinsichtlich der Begriffe und Inhalte einer informatischen Bildung zu bestehen, obwohl Empfehlungen zu Bildungsstandards und Kernlehrpläne existieren. Hier müssten Informatik und Medienpädagogik Begriffe abstimmen und den Lehrern an die Hand geben.

Die Studie bestätigt einige Vermutungen, wirft aber in höherem Maße neue Fragen auf, denen man nachgehen sollte.

---

[24] Die Prozentangaben beziehen sich jeweils auf die pro Schulform abgegebenen Antworten. Dies waren für R+S 16, für Ge 10 und für Gym 65. Das heißt, die Prozentangaben für R+S und Ge können großen Schwankungen unterliegen.

Literaturverzeichnis

[GI08]   Gesellschaft für Informatik (Hg.) (2008): Grundsätze und Standards für die Informatik in der Schule. Bildungsstandards Informatik für die Sekundarstufe I. Empfehlungen der Gesellschaft für Informatik e.V. erarbeitet vom Arbeitskreis Bildungsstandards (150/151). Online verfügbar unter (zuletzt geprüft am 20.03.2014) https://www.gi.de/fileadmin/redaktion/empfehlungen/Bildungsstandards_2008.pdf.

[JTY15]   Janzen, Irina; Thomas, Marco; Yomayuza, Angélica (2015): Wahlverhalten zum Schulfach Informatik in der SI - eine Studie im Regierungsbezirk Münster -. In: Jens Gallenbacher (Hg.): INFOS 2015. Informatik und Schule 2015.

[L15]   Ministerium für Schule und Weiterbildung des Landes Nordrhein-Westfalen (2015): Kernlehrplan für die Realschule in Nordrhein-Westfalen - Wahlpflichtfach Informatik (33191). Online verfügbar unter (zuletzt geprüft am 15.07.2015) http://www.schulentwicklung.nrw.de/lehrplaene/lehrplannavigator-s-i/realschule/.

[M16]   LVR Zentrum für Medien und Bildung: Medienpass NRW. Online verfügbar unter https://www.medienpass.nrw.de, zuletzt geprüft am 14.03.2016.

[NW14]   Ministerium für Schule, Jugend und Kinder Landes Nordrhein-Westfalen (2001-2014): Amtliche Schuldaten. Online verfügbar unter (zuletzt geprüft am 13.03.2016) https://www.schulministerium.nrw.de/docs/bp/Ministerium/Service/Schulstatistik/Amtliche-Schuldaten/.

[NW16]   Ministerium für Schule und Weiterbildung des Landes Nordrhein-Westfalen (2016): Schule(n) suchen. Online verfügbar unter (zuletzt geprüft am 14.03.2016) https://www.schulministerium.nrw.de/docs/bp/Ministerium/Service/SchuleSuchen/index.html, zuletzt aktualisiert am 11.03.2016.

[TY14]   Thomas, Marco; Yomayuza, Angélica (2014): Wahlverhalten zum Schulfach Informatik in der Sekundarstufe I. Erste Ergebnisse einer Studie. In: Marco Thomas und Michael Weigend (Hg.): Informatik und Natur. 6. Münsteraner Workshop zur Schulinformatik. 1. Aufl. Norderstedt: Books on Demand, S. 19–26.

Informatikunterricht im Primarbereich – ohne qualifizierte Lehrkräfte geht es nicht

Kathrin Haselmeier, Martin Fricke, Ludger Humbert, Dorothee Müller, Philipp Rumm[1]

Abstract: Informatik im Primarbereich wird zunehmend als notwendiges Element der frühen Bildung anerkannt. Das Informatikselbstkonzept und das Bild der Informatik werden hier geprägt. Inzwischen werden – fachdidaktisch unterstützt – Konzepte und Materialien entwickelt, um Informatik für Kinder bildend erfahrbar zu machen. Wir müssen uns allerdings die Frage nach den notwendigen fachlichen Grundlagen bei den Lehrkräften stellen. Informatische Bildung umfasst nicht nur eine fachlich korrekte Sicht informatischer Gegenstände, sondern auch ein korrektes, positives Bild der Informatik. Sie kann – auch im Primarbereich – nur von informatisch gebildeten Lehrkräften vermittelt werden.

1 Primarbereich – Informatische Bildung – Informatikselbstkonzept

Bereits in der frühen Kindheit werden erste fachlichen Selbstkonzepte und Bilder der Fachkulturen geprägt. Dies trifft auch auf das Informatikselbstkonzept und das Bild der Informatik zu.

Die fachlichen Selbstkonzepte der Schülerinnen und Schüler des Primarbereichs sind für die meisten dort unterrichteten Fächer hoch (vgl. [Pa13, S. 361]). Informatik wird allerdings im Allgemeinen nicht in der Grundschule unterrichtet, ist aber in unserer Gesellschaft in der Welt der Kinder allgegenwärtig. An Informatiksystemen wie Spielekonsolen oder Smartphones erfahren sich die Kinder dabei als reine Bediener und nicht als kompetente Nutzer oder gar als Gestaltende. Treten in diesem Zusammenhang Probleme auf, so scheinen diese oft für die Benutzer nicht nur unlösbar, sondern unerklärbar zu sein. Es entsteht die Vorstellung von den »geborenen Informatikexperten« oder »Nerds«, die alleine Informatiksysteme kontrollieren können. Zugleich wird eine niedrige Kontroll- und Selbstwirksamkeitsüberzeugung gegenüber informatischen Artefakten entwickelt und damit ein niedriges Informatikselbstkonzept aufgebaut. Die von Informatiksystemen unabhängigen – den Alltag durchdringenden – Ideen der Informatik, wie z. B. alltägliche Algorithmen und Kontrollstrukturen oder die Verarbeitung von Daten, werden dagegen von den Kindern nicht der Informatik zugerechnet. Die Informatik wird als eine Wissenschaft gesehen, die sich ausschließlich mit der Nutzung von Informatiksystemen beschäftigt und keine weiteren Anteile für die Erkenntnis der Welt liefert. Neben dem fachlichen Selbstkonzept ist die epistemologische Überzeugung zu einem Fach, die auch als die »Philosophie der Schulfachs« (vgl. [Br92, S. 72]) gesehen werden kann, entscheidend für die Entwicklung von fachlichem Interesse.

---

[1] Bergische Universität Wuppertal, Fachgebiet Didaktik der Informatik, Gaußstr. 20, 42 119 Wuppertal, humbert@uni-wuppertal.de

Ein früh erlangtes niedriges Informatikselbstkonzept und ein mit Fehlvorstellungen behaftetes Informatikbild verhindern die Entwicklung eines Interesses an Informatik und damit auch die Wahl des Informatikunterrichts im Wahlpflichtbereich der Sekundarstufe I. So wird der Zugang zur Informatik über Informatikunterricht verhindert, was vor allem für Mädchen jede weitere Beschäftigung mit Informatik unwahrscheinlich macht, denn bei Mädchen kommt zu den aufgezeigten Problemen noch die tradierte männliche Genderzuordnung der Informatik hinzu. Mädchen entdecken, wie Befragungen von Informatikstudentinnen zeigen – im deutlichen Unterschied zu Jungen – die Informatik oft erst im Informatikunterricht für sich (vgl. [Ku08, S. 120]).

Eine sinnvolle Möglichkeit, dem falschen Bild der Informatik und dem niedrigen Informatikselbstkonzept früh entgegenzuwirken, ist Informatikunterricht im Primarbereich. Dort können die Schülerinnen und Schülern bei der Entwicklung eines korrekten, positiven Bildes der Informatik und eines realistischen Informatikselbstkonzepts unterstützt werden.

2   Zur Entwicklung informatischer Bildung im Primarbereich

Benötigten wir eine besondere Lernumgebung für Informatik im Primarbereich (fachraumähnliche Strukturen)? Können wir guten Informatikunterricht durchführen, ohne PC-Raum, Whiteboard und Tabletklasse? Wir sagen entschieden »Ja!«.

Im Rahmen des Projekts Informatik an Grundschulen (IaG) wird an fünf Grundschulen in NRW erprobt, wie informatische Bildung ohne den Einsatz von Informatiksystemen für Grundschülerinnen und Grundschüler gestaltet werden kann. Dazu haben drei Didaktikgruppen je ein Modul entwickelt, die sich in der Erprobung befinden (vgl. [Ac15]).

2.1   Die drei Phänomenbereiche der Informatik

Die Informatik umgibt den Menschen. In manchen Bereichen unserer Lebenswelt ist uns dies bewusst, denn dort arbeiten wir an oder mit Computern oder anderen Informatiksystemen. An anderer Stelle vermuten wir Informatik im Hintergrund, z. B. an der Kasse im Supermarkt oder beim Aufzug. In wiederum anderen Kontexten sind wir völlig verblüfft, dass sich auch hier Informatik versteckt.

In [HP04] werden in einem gedanklichen Modell drei Phänomenbereiche der Informatik skizziert:

1. Informatikphänomene im direkten Zusammenhang mit Informatiksystemen,

2. Informatikphänomene mit indirekten Bezug zu Informatiksystemen und

3. Informatikphänomene ohne jede Beteiligung von Informatiksystemen.

2.2   Informatische Bildung – Kompetenzorientierung

Zur Zeit gibt es für den Informatikunterricht im Primarbereich in Deutschland nur wenig
Erfahrungswissen und keine Bildungsdokumente. Der Arbeitskreis »Informatik im Primarbereich« des Fachausschusses »Informatische Bildung in Schulen« in der Gesellschaft
für Informatik arbeitet an Empfehlungen für Bildungsstandards für Informatik für den
Primarbereich (vgl. [Be16]. Für die drei oben genannten Module wurden von den universitären Arbeitsgruppen erste Vorschläge für Kompetenzen gemacht, die die Schülerinnen
und Schüler erreichen sollen. Diese Vorschläge wurden bereits in einer Revision durch die
Grundschullehrkräfte angepasst (vgl. [Be16, Anhang – S. 14f]).

Während Lehrkräfte sich in der Regel über Richtlinien und Lehrpläne in Bezug auf Unterrichtsvorhaben absichern, ist dieses Vorgehen zur Vorbereitung des Informatikunterrichts
der Grundschule zur Zeit nur schwer einzulösen. Die Kompetenzerwartungen für Informatik sind bisher nicht geklärt, wie also sollen Lernziele abgeleitet werden?

Jede Fachdidaktik hat ihre eigenen Denk-, Arbeits- und Handlungsweisen. Insbesondere
im Sachunterricht wird diesem Aspekt im Sinne einer Fachpropädeutik eine hohe Bedeutung zu Teil. Der Perspektivrahmen Sachunterricht der GDSU liefert in diesem Punkt eine
Blaupause für eine mögliche Eingliederung der Strukturwissenschaft Informatik in die
Lehrpläne der Grundschule: perspektivbezogene (prozessbezogene) und perspektivüber-
greifende Kompetenzen werden hierbei unterschieden und wertgeschätzt. Perspektivbezogene Konzepte bilden die inhaltsbezogenen Kompetenzbereiche – die Themenfelder – ab
(vgl. [GD13, S. 14]).

Im Projekt Informatik an Grundschulen werden projektbegleitend die Kompetenzen aus-
gewiesen, die die Schülerinnen und Schüler erreichen können.

2.3   Diskussion um den Alltagsbezug

Hürden in der Planung liegen im Lebensweltbezug der Themen für die Schülerinnen und
Schüler. Eindeutige Anknüpfungspunkte liefern die Phänomenbereiche mit direkter oder
indirekter Verwendung von Informatiksystemen. Bei der *unplugged* Umsetzung von *Ideen
der Informatik* drängt sich dieser Bezug nicht zwingend auf.

Wir exemplifizieren dieses Argument für den Gegenstand **Codierung**: Kinder codieren bereits ihr gesamtes Leben: sie hören Laute der Mutter und weisen ihnen Bedeutung(en) zu;
sie lernen zu sprechen, indem sie ein mentales Modell mit einer Ausdrucksebene codieren;
sie lernen Lesen und Schreiben, indem sie Laute in Schrift codieren und decodieren. Diese
Liste kann noch deutlich erweitert werden.

> Und wie verändert sich erst mein Informatikselbstkonzept, wenn ich etwas
> kann, was Erwachsene nicht kontrollieren können: eine Botschaft verschlüs-
> seln und vor dem Zugriff Unbefugter (Eltern und Lehrer) schützen/verbergen?

2.4 Kryptologie mit Alice, Bob und Eve

An der Bergischen Universität Wuppertal gestalten wir in dem Projekt Informatik an Grundschulen ein Unterrichtsmodul zum Themenfeld Kryptologie in der Grundschule.

Unter Rückbezug auf historische Entwicklungsschritte in der Kryptologie entsteht ein Unterrichtsvorhaben, das Beispiele aus den Teilgebieten *Steganographie, Codierung, Transposition* und *Substitution* auf kindgerechtem Niveau thematisiert. Im Vordergrund stehen methodisch-didaktisch Unterrichtsszenarien, die in Rückbezug auf den informatischen Modellierungskreislauf unter Anwendung von entdeckend-problemlösendem Lernen Lerngelegenheiten an der Sache bieten.

Die beiden Protagonisten Alice und Bob sowie ihre Antagonistin Eve geleiten die Kinder hierbei motivierend und spielerisch durch die Aufgabenstellungen. Die genannten Identifikationsfiguren sind in der Kryptologie eine feste Institution zur Vermittlung von Szenarien: Information wird von A (Alice) zu B (Bob) gesendet, der Angreifer (Eve, in Anlehnung an engl. *evil*) versucht, die Nachricht abzugreifen.

Der Unterricht startet meist mit einem Phänomen oder der Idee, den Austausch von Nachrichten (Daten) zwischen Alice und Bob zu ermöglichen.

Die Lernaufgaben sind so ausgerichtet, dass die Schülerinnen und Schüler Ideen entwickeln, wie Daten entschlüsselt oder verschlüsselt werden können. Die Schülerinnen und Schüler erproben das Material im Sinne der Binnendifferenzierung angeleitet oder frei.

Steganographie Die Schülerinnen und Schüler finden verborgene Nachrichten und tauschen sich über den Grad der Sicherheit aus. Wenn alle Verstecke gefunden oder bekannt sind, ist die Steganographie wirkungslos.

Codierung Die Schülerinnen und Schüler nutzen z. B. die Freimaurer-Chiffre, indem sie mit einer Codetabelle selber codieren und decodieren. Eve als Angreiferin greift dann aber schnell die Nachricht ab, da sie auch die Codetabelle kennt – eine Verbesserung muss her.

Transposition Papierstreifen werden auf Holzstäbe gewickelt: die Skytale ist geboren! Die Schülerinnen und Schüler lernen Fachbegriffe wie *Algorithmus* und *Schlüssel* und werden selbst zum Angreifer auf die Nachrichten.

Substitution Mit Code-Scheibe und -Tabelle verschlüsseln die Schülerinnen und Schüler wie Caesar im alten Rom. Der Angreifer hat immer mehr Mühe, den Algorithmus zu knacken, bei einigen Verfahren ist der Schlüsseltausch umständlich.

Aus den Neurowissenschaften wissen wir, dass immer dann eine verbesserte Chance auf nachhaltiges Lernen besteht, wenn möglichst viele Bereiche des Erlebens gleichzeitig angesprochen werden. Schon Hebb wusste 1949 zu berichten: »what fires together, wires together« (vgl. [He02]).

Darum liegt ein Schwerpunkt der Entwicklung der Lernangebote auf der emotionalen Bedeutsamkeit der Themen für die Schülerinnen und Schüler: der Unterricht ist handlungsorientiert, spannend, Kreativität fördernd und fordernd aber auch kommunikativ angelegt. Die komplexe Thematik wird durch Material für einen handelnd-entdeckenden Umgang auf der enaktiven Ebene angereichert.

2.5 Biber-Fieber

Trotz der angesprochenen wünschenswerten Fokussierung von Informatikunterricht auf die Phänomenebene ohne Informatiksysteme ist unumstößlich, dass Grundschulinformatikunterricht immer über eben diese Anwendung von Informatik stolpern wird. Erste – unveröffentliche – Erhebungen im Rahmen von Unterrichtserprobungen belegen diesen Sachverhalt: Entweder wissen Schülerinnen und Schüler der 3. und 4. Klasse nicht, was die Berufsbezeichnung *Informatikerin* bedeutet, dann leiten sie sich die Bedeutung her: »Jemand, der nach Informationen sucht« – oder sie kennen das Wort und geben selbstsicher an: »Jemand, der was am Computer macht«.

Wir müssen uns daher auch der Frage widmen, wie die Nutzung von Informatiksystemen im Primarbereich in die informatische Bildung einbezogen werden kann: Zum einen können sie als Rampe genutzt werden: Gegenstände, die bisher *unplugged* umgesetzt wurden, werden dann auf einen neuen Phänomenbereich übertragen. Eine andere Möglichkeit stellt die Teilnahme der Schülerinnen und Schüler an dem Informatik-Biber ([Po16]) dar. Hier werden informatische Frage- und Problemstellungen im Browser im Rahmen eines Wettbewerbs bearbeitet. Das Informatiksystem wird somit als Vehikel (Medium) zur Aneignung informatischer Kompetenzen genutzt, ohne selbst in den informatischen Fokus zu geraten. Die Schülerinnen und Schüler freuen sich, dass sie *Informatik am Computer gemacht haben*. In einer Grundschule in Solingen, die 2015 bei dem ersten Testlauf des Informatik-Bibers für den Grundschulbereich mitgemacht hat, hat sich erfreulicherweise gezeigt, dass gerade Mädchen auf diesem Wege Freude an Informatik erleben können. Sämtliche Preise wurden an Mädchen vergeben (vgl. [Fr16]).

3 Universitäre Qualifizierung von Grundschullehrkräften

Zur Beantwortung der Frage nach der universitären Qualifizierung der Grundschullehrkräfte wird zunächst die Zielgruppe spezifiziert. 95 % der Grundschullehrkräfte sind weiblich. Untersuchungen von Peschel (vgl. [Pe07]) weisen eine schwerpunktmäßige Ausrichtung auf sozialwissenschaftliche Inhalte als roten Faden durch die Bildungsbiographien nach. Eine Schlussfolgerung aus dieser Tatsache könnte sein, etwaige Berührungsängste mit naturwissenschaftlich-technischen Gegenständen zu berücksichtigen und aufzugreifen.

Ein weiteres Augenmerk sollte auf die tatsächlich zu erwerbenden Kompetenzen durch universitäre Qualifizierung gelegt werden. Handelt es sich um Lehramtsstudierende, so kann sicherlich ein vorrangiger Fokus auf der Vermittlung von Sachkompetenz liegen.

Handelt es sich um Lehrkräfte in einer Nachqualifizierung, muss sich der Fokus auf die methodisch-didaktische Vermittlung mit Implementation der fachlichen Gegenstände verlagern. Die Grundschullehrkräfte sollten mit handfesten Materialvorschlägen und Umsetzungsempfehlungen aus der Maßnahme entlassen werden, um eine größtmögliche Bereitschaft und Motivation zur Integration von Elementen der informatischen Bildung im laufenden Betrieb *Schule* zu erreichen.

Für beide Zielgruppen gilt die Fragestellung: Wie weit muss ich über den eigenen Tellerrand schauen, um Informatik vermitteln zu können? Sicherlich ist es dazu hilfreich, als Lehrkraft gegenüber den Schülerinnen und Schülern einen Wissensvorsprung zu haben. Ob aber für die Kryptologie Kompetenzen zu spezifischen mathematischen Verfahren in der Lehrerbildung erworben werden müssen, muss geklärt werden.

Möglich ist der Erwerb von Kompetenzen zu Denk-, Arbeits- und Handlungsweisen der Informatik und ihrer Didaktik in einer sukzessiven Umsetzung: Eine Vorlesung thematisiert Sachinhalte, eine begleitende Übung oder ein Seminar ermöglichen den Zugang zu didaktischen Modellen und Umsetzungsideen. Ein Praktikum führt die Elemente problem- und produktorientiert zusammen. Die Lehrkraft geht mit viel Wissen, Handwerkszeug und einem grundlegenden Materialfundus motiviert und selbstsicher in den Unterricht und kann sofort Informatik unterrichten.

In Bezug auf das oben angesprochene Informatikselbstkonzept kann es sich durchaus als sinnvoll erweisen, kleinschrittig und eng angeleitet ein positives informatisches Selbstkonzept im Rahmen der Maßnahme aufzubauen. Denn hiervon hängt letztendlich alles Weitere ab: »Wie gut nehme ich die Inhalte aufgrund meines Selbstkonzepts auf?«, »Wie viel und wie unterrichte ich Informatik in der Grundschule?«

3.1 Informatikselbstkonzept – Transfer in den Unterricht

Ein positives Informatikselbstkonzept ist auch aus einem weiteren Grund für den Informatikunterricht in der Grundschule erstrebenswert. Denn die Lehrkraft dient häufig als Rollenvorbild für die Heranwachsenden. Wenn eine weibliche Lehrkraft die Außenwirkung »Informatik ist interessant, … spannend, … gar nicht so schwer, … nicht nur für Jungs, etc.« vermittelt, können auch Schülerinnen angesteckt werden. Informatikunterricht ohne Informatiksysteme ist in diesem Zusammenhang nicht nur zielführend, als dass die Ausstattungsfrage nicht mehr gestellt werden muss; auch ohne *Technik* haben Mädchen einen motivierenderen Zugang zur Thematik, da das technische Selbstkonzept nicht in den informatischen Aufschluss interferiert.

3.2 Die Veranstaltung »Informatik im Alltag«

Seit mehreren Jahren wird an der Bergischen Universität Wuppertal die Veranstaltung »Informatik im Alltag: Durchblicken statt Rumklicken« (vgl. [MFH12]) angeboten. Diese Veranstaltung realisiert bereits Ziele der informatischen Bildung für Lehrkräfte und eignet sich dafür, um Elemente speziell für Grundschullehrkräfte erweitert zu werden. In diesem Abschnitt werden die Lehrveranstalung und Ideen für ihre entsprechende Erweiterung dargestellt.

Der Titel »Informatik im Alltag: Durchblicken statt Rumklicken« ist Programm: Die Allgegenwärtigkeit der Informatik im Leben der Studierenden – »Informatik im Alltag« – ist Ausgangspunkt der Veranstaltung. Informatisches Fachwissen – »Durchblicken statt Rumklicken« – ist die Voraussetzung für die Dekonstruktion der erlebbaren informatischen Phänomene und für den kompetenten Umgang mit der allgegenwärtigen Informatik.

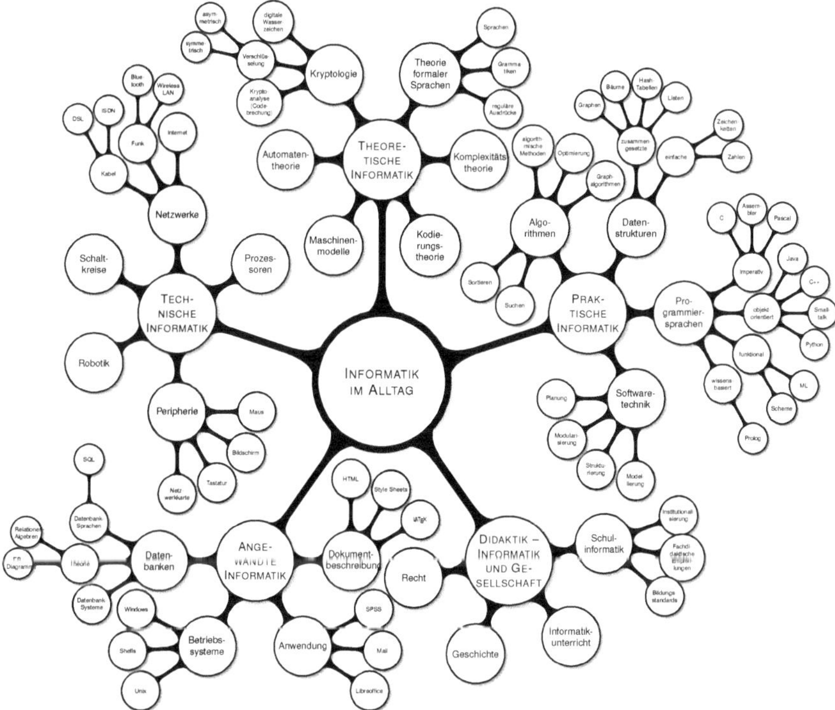

Abb. 1: Wissensnetz für die Veranstaltung »Informatik im Alltag«

Die Veranstaltung wird in Form einer Ringvorlesung realisiert. Das Wissensnetz in Abbildung 1 zeigt die Vernetzung der Veranstaltungsthemen und ihre Zuordnung zu den vier großen Fachgebieten technische Informatik, theoretische Informatik, praktische und angewandte Informatik und Informatik und Gesellschaft sowie Didaktik der Informatik. Die Veranstaltung besteht aus wöchentlich zweimal zwei Stunden Vorlesung und begleitenden Übungsaufgaben. Die Themen wechseln wöchentlich und werden von verschiedene Dozierenden der Bergischen Universität Wuppertal gelesen. Zu den rechtlichen Aspekte wird ein Dozierender des Institut für Informations-, Telekommunikations- und Medienrecht der rechtswissenschaftlichen Fakultät der Westfälischen Wilhelms-Universität Münster eingeladen. Der erste Vorlesung der Reihe führt anhand von informatischen Phänomenen aus dem Alltag der Studierenden in die Ideenwelt der Informatik ein.

Die Veranstaltung richtet sich zur Zeit nicht ausschließlich, aber vor allem an Lehramtsstudierende und kann entweder als Einzelmodul oder als Teilmodul belegt werden. Als Teilmodul ist sie der erste Teil des bildungswissenschaftlichen Moduls »Lernen mit neuen Medien«, das sich an Studierende mit dem Studienziel Lehramt für Haupt-, Real-, Sekundar- und Gesamtschulen richtet. In Folgesemestern wird in zwei anderen Teilmodulen die Unterrichtseinbindung und Gestaltung von interaktiven digitalen Lehrmedien erarbeitet. Als Einzelmodul wird »Informatik im Alltag« im Rahmen des Optionalbereichs für zukünftige Lehrkräfte an Gymnasien und Gesamtschulen oder für Studierende mit zukünftigen Tätigkeiten außerhalb des Lehrerberufs angeboten.

Die Anforderungen der beiden Studienangebote an die jeweiligen Studierenden sind unterschiedlich. Im Teilmodul werden zwei Leistungspunkte erworben und für den Leistungsnachweis werden drei der Themen und ihre Einordnung in die Gesamtveranstaltung geprüft. Die drei Themen können von den Studierenden gewählt werden, wobei aus jedem der drei Themenkreise (Grundlagen und Geschichte der Informatik, Hardware und Internet, Software) je ein Thema vorhanden sein muss. Die Bearbeitung der Übungsblätter ist für diese Studierenden freiwillig. Für das Einzelmodul werden sechs Leistungspunkte vergeben und es wird eine intensivere Beschäftigung mit den Gegenständen der Veranstaltung erwartet: Hier gibt es keine Einschränkung auf einzelne Themen für den Leistungsnachweis und 80 % der Übungsblätter müssen erfolgreich bearbeitet werden.

Die aktive und erfolgreiche Teilnahme von Grundschullehrkräften an der Veranstaltung »Informatik im Alltag« ist ein notwendiges Element zur fachlichen Vorbereitung auf die Unterrichtstätigkeit in Informatik. Die jetzige Ausprägung in die beiden oben beschriebenen Studienangebote muss dazu um ein drittes Angebot speziell für Grundschullehrkräfte erweitert werden. Die Vorlesungselemente und die zu bearbeitenden Übungsblätter vermitteln eine an der Alltagswelt orientierte wissenschaftliche Grundlage. Hier ist für die Studierenden die Beschäftigung mit allen Themenbereiche notwendig, da nur so die Vielfalt, Vernetzung und Allgegenwärtigkeit der Informatik erarbeitet wird und als Wissensgrundlage für die spätere Vermittlung informatischer Bildung dienen kann. Notwendig darüber hinaus ist die Einrichtung von begleitenden Übungs- und Praktikumsveranstaltungen für die Grundschullehrkräfte. Die Übung unterstützt die Studierenden sowohl bei der fachlichen Erarbeitung der Gegenstände wie auch bei deren epistemologischen Einordnung in die Welt der Schülerinnen und Schüler. Im Praktikumsteil werden die fachdidaktisch begründete Auswahl und Gestaltung informatischer Gegenstände an exemplarischen, von den Studierenden ausgewählten Projekten gemeinsam erarbeitet. Übungs- und Praktikumsteil sind wesentliche Elemente der erweiterten Veranstaltungskonzeption.

4   Fazit – Informatische Bildung überall

Informatische Bildung für Kinder verfügbar zu machen, bedarf der Vorbereitung derjenigen, die sie begleiten. Da Informatik bisher nicht im Bildungssystem verankert ist, stellen solche Vorbereitungsprozesse in mehrfacher Hinsicht eine besondere Herausforderung dar. Dieser Herausforderung ist auf drei Ebenen zu begegnen:

Qualifikation der Lehrkräfte Sowohl Erzieherinnen und Erzieher, wie auch **alle Lehrkräfte** sind informatisch zu bilden, d. h. sie sind – in geeigneter Form – informatisch kompetent zu machen. Damit muss ein Beitrag zur Entwicklung des **Informatikselbstkonzepts** bei Erzieherinnen, Erziehern und Lehrkräften im Rahmen der (Aus-)Bildungsprozesse gestaltet werden. In diesem Beitrag haben wir eine konkrete Konzeption und Elemente zur Umsetzung an der Bergischen Universität Wuppertal vorgestellt. Teile dieser Konzeption werden bereits erfolgreich umgesetzt. Es geht wesentlich darum, dass ein valider – fachlich gestalteter – Überblick gegeben wird, der durch betreute Übungen und ein Praktikum auf den Anwendungsfall »Informatik für Kinder« bezogen wird. Damit entwickelt sich das Informatikselbstkonzept der Grundschullehrkräfte so, dass informatische Bildung gelingen kann, wie erste erfolgreiche Umsetzungen in den Grundschulen belegen.

Unterrichtsmaterial Neben den Personen, die Informatik verantwortlich in die Bildungsprozesse »eintragen«, bedarf es informatikfachdidaktisch gestalteter Anstrengungen, um Ansätze, Materialien und Lernszenarien bezüglich ihrer Wirksamkeit zur Beförderung der Kompetenzen und zur Entwicklung des Informatikselbstkonzepts bei den Kindern nicht nur bereitzustellen, sondern auch zu evaluieren und ggf. zu revidieren (vgl. [Hu15]). Hier kommt den in dem Projekt Informatik an Grundschulen beauftragten Lehrkräften die Aufgabe zu, die Kompetenzzuwächse der Schülerinnen und Schüler durch angemessene Anforderungen in den Materialien herausfordernd, aber nicht überfordernd auszugestalten.

Pflichtfach Informatik Betrachten wir internationale Entwicklungen, so ist festzustellen, dass mehr und mehr Industrieländer informatische Allgemeinbildung in einem eigenständigen Lernort – einem Fach – verankern. So wurde beispielsweise in Großbritannien das Fach *Computing* mit einem Stundenvolumen von ein bis zwei Unterrichtsstunden verpflichtend ab dem ersten Jahrgang der Grundschule etabliert (vgl. [MM14], [No16]).

Literaturverzeichnis

[Ac15]   Acht, Renate: Wie passt ein Video durchs Kabel? Informatische Bildung im Primarbereich. Schule NRW, (07/08/15), Juli 2015. http://is.gd/2PJqCn (besucht am 24.04.2016).

[Be16]   Best, Alexander; Borowski, Christian; Büttner, Katrin; Fricke, Martin; Herper, Henry; Hinz, Volkmar; Humbert, Ludger; Müller, Dorothee; Müller, Kathrin; Thomas, Marco: Grundsätze und Standards für die Informatik in der Schule – Bildungsstandards Informatik für den Primarbereich – zur Diskussion, April 2016. http://is.gd/NsTQzF (besucht am 24.04.2016).

[Br92]   Bromme, Rainer: Der Lehrer als Experte. Zur Psychologie des professionellen Wissens. Huber, Bern, 1992.

[Fr16]   Fricke, Martin: Biber-Informatik-Wettbewerb. 2016. `http://is.gd/KWt8WL` (besucht am 24.04.2016).

[GD13]   GDSU, Hrsg. Perspektivrahmen Sachunterricht. Julius Klinkhardt, Bad Heilbrunn, vollst. überarb. und erw. Ausg.. Auflage, 2013. GDSU – Gesellschaft für Didaktik des Sachunterrichts.

[He02]   Hebb, Donald Olding: The organization of behavior: A neuropsychological theory. Erlbaum, Mahwah, NJ, 2002.

[HP04]   Humbert, Ludger; Puhlmann, Hermann: Essential Ingredients of Literacy in Informatics. In (Magenheim, Johannes; Schubert, Sigrid, Hrsg.): Informatics and Student Assessment. Concepts of Empirical Research and Standardisation of Measurement in the Area of Didactics of Informatics. Jgg. 1 in GI-Edition – Lecture Notes in Informatics (LNI) – Seminars, Dagstuhl-Seminar of the German Informatics Society (GI) 19.–24. September 2004, Köllen Druck+Verlag GmbH, Bonn, S. 65–76, September 2004.

[Hu15]   Humbert, Ludger: Structure and Phenomena in Informatics. Workshop paper, Stiftung Haus der kleinen Forscher, Berlin, 2015. Text: `http://is.gd/nT78iM` – Präsentation: `http://is.gd/iQTaXb` (besucht am 24.04.2016).

[Ku08]   Kuhl, Maria: Studienkultur Informatik neu denken: Geschlechterkonstruktionen im Informatikstudium an der Universität Dortmund und der Carnegie Mellon University. Shaker Verlag, Aachen, 2008.

[MFH12]   Müller, Dorothee; Frommer, Andreas; Humbert, Ludger: Informatik im Alltag – Durchblicken statt Rumklicken. In (Forbrig, Peter; Schmolitzky, Axel, Hrsg.): Tagungsband der 5. Fachtagung zur »Hochschuldidaktik Informatik« – HDI 2012. Jgg. 5 in Commentarii informaticae didacticae (CID), Universitäts-Verlag, Potsdam, S. 98–104, 2012.

[MM14]   Muuß-Merholz, Jöran: Schulfach »Computing« ab Klasse 1 – Interview mit Simon Peyton Jones. c't, (14):110–111, 2014. `http://is.gd/woNXMB` (besucht am 24.04.2016).

[No16]   Noller, Stephan: Wir brauchen Digitalkunde ab der ersten Klasse. Die Zeit, März 2016. `http://is.gd/PK9ckp` (besucht am 24.04.2016).

[Pa13]   Pant, Hans Anand; Stanat, Petra; Schroeders, Ulrich; Roppelt, Alexander; Siegle, Thilo; Pöhlmann, Claudia: IQB-Ländervergleich 2012 – Mathematische und naturwissenschaftliche Kompetenzen am Ende der Sekundarstufe I. Waxmann, Münster, New York, 2013. IQB – Institut zur Qualitätsentwicklung im Bildungswesen.

[Pe07]   Peschel, Markus: Qualität von Grundschulunterricht entwickeln, erfassen und bewerten. Jgg. 11. Verlag für Sozialwissenschaften, Bonn, Kapitel Wer unterrichtet unsere Kinder? SUN – Sachunterricht in Nordrhein-Westfalen, 2007.

[Po16]   Pohl, Wolfgang: Informatik-Biber – 2016 ist ereignisreich: Geburtstag, Umzug und Aufgaben für Grundschüler. 2016. `http://informatik-biber.de/` (besucht am 24.04.2016).

Fort- und Weiterbildung von Lehrkräften in der Informatik – von der Grundschule bis zum Abitur

Nadine Bergner[1], Michaela Inden[2], Ulrik Schroeder[3]

Abstract: Die Digitalisierung unseres beruflichen wie privaten Lebens ist nicht mehr zu übersehen, ein Schulfach Informatik, Digitalkunde oder ähnliches hingegen kaum zu finden. In zahlreichen Ländern der Bundesrepublik führen informatische Themen immer noch ein Schattendasein in allgemeinbildenden Schulen. Das muss sich ändern, um kompetente „Digital Natives" auszubilden. Dafür bedarf es neben Platz in der Stundentafel und einer passenden technischen Ausrichtung, vor allem qualifizierte Lehrkräfte. Diese können in den nächsten Jahren nur durch inhaltlich und didaktisch hochwertige Fort- und Weiterbindungen qualifiziert werden. In diesem Beitrag wird aufbauend auf der Darstellung der Situation des Schulfachs Informatik das aktuelle Fortbildungsangebot mit dem Fokus auf Nordrhein-Westfalen analysiert. Anschließend werden etablierte Fortbildungsangebote sowie darüber hinaus verschiedene im Aufbau befindliche Angebote für Lehrkräfte vorgestellt.

Keywords: Lehrerfortbildung, Lehrerausbildung, Informatik, digitale Bildung, Primarstufe

1   Motivation

Die Relevanz von Informatik, Medienbildung oder – wie die Verschmelzung beider häufig bezeichnet wird – „Digitale Bildung" wird heute selten noch in Frage gestellt. Auch wenn sie sowohl von politischer Seite [Sc10] wie auch in der Öffentlichkeit und dort besonders von der Schülerschaft, den Eltern [He07] und den Lehrkräften erkannt wird [BM15], so bleibt die Frage der realen Umsetzbarkeit. Digitale Kompetenzen sollen die Kinder und Jugendlichen erwerben, aber dies darf nicht dazu führen, dass andere Kompetenzen und damit andere Fächer eingeschränkt werden. Auch soll es möglichst kostenneutral passieren. Eine schwierige Situation. Eine bisher in vielen Bundesländern Deutschlands einzige Option zum Erwerb einer durch informatische Kompetenzen untermauerten Digitalkompetenz stellen dabei außerschulische Aktivitäten dar.

Um der sich anbahnenden digitalen Spaltung unserer Gesellschaft („digital divide") entgegen zu wirken und allen Kindern und Jugendlichen unabhängig von den Berufsfeldern der eigenen Familienangehörigen Digitalkompetenzen auf der Basis informatischen Wissens zu ermöglichen, müssen diese Themen Einzug in den (verpflichtenden) Schulunterricht halten [Hu04]. Nur so kann Chancengleichheit hergestellt werden und gleichzeitig dem Nachwuchsmangel in technischen Berufsfeldern wie insbesondere der Informatik wirksam begegnet werden [Pa13].

---

[1] RWTH Aachen. Lehr und Forschungsgebiet Informatik 9, Ahornstraße 55, 52074 Aachen,
bergner@informatik.rwth-achen.de
[2] s.o., inden@informatik.rwth-achen.de
[3] s.o., schroeder@informatik.rwth-achen.de

Im Spektrum von Medienbildung bis Informatik gibt es Kompetenzen, die alle Schülerinnen und Schüler unabhängig der späteren Karriere erwerben müssen. Dafür bedarf es eines breiten, verpflichtenden Angebotes, welches alle Kinder und Jugendlichen befähigt, selbstbestimmt und verantwortungsvoll in unserer digitalisierten Welt zu leben. Tiefergehende Kompetenzen wiederum können als optional angesehen werden und stellen fachliche Schwerpunkte dar, die vorrangig in der Sekundarstufe II erworben werden können. Für beide Schwerpunkte werden qualifizierte Lehrkräfte benötigt, die digitale Kompetenzen zielgruppengerecht und alltagsnah vermitteln.

Daraus ergibt sich zum einen, dass Grundschullehrkräfte durch entsprechende Aus- bzw. Fortbildungsmodule auf eine fundierte Vermittlung digitaler Kompetenzen vorbereitet werden müssen. Zum anderen müssen ausreichend viele fundiert ausgebildete Informatiklehrkräfte zur Verfügung stehen, um auch tiefergehende informatische Bildung an weiterführenden Schulen umzusetzen. An beidem mangelt es aktuell. Die große Mehrheit der Grundschullehrkräfte erfährt aufgrund der Studienstruktur keinerlei informatische Vorbildung. Auch stehen für das Fach Informatik zu wenige Lehrkräfte zur Verfügung und ein großer Teil dieser hat die Lehrbefähigung lediglich durch berufsbegleitende Fortbildungsmaßnahmen (in NRW: Zertifikatskurse) oder über den Seiteneinstieg aus der Wirtschaft erlangt [HM10], [La11]. Damit ergibt sich die große Herausforderung zu mehr digitaler Kompetenz bei Kindern und Jugendlichen: Lehrkräfte müssen für diese Aufgabe aus- und fortgebildet werden!

Um konkrete Maßnahmen zur Etablierung von mehr digitaler Bildung in deutschen Schulen zu schaffen, wird im folgenden Abschnitt die Bedeutung digitaler und informatischer Inhalte im Schulunterricht wie auch der aktuelle Stand der Aus- und Fortbildung im diesem Bereich dargestellt, bevor im dritten Abschnitt konkrete Konzepte zur Lehrerfortbildung vorgestellt werden. Abschließend erfolgt ein Ausblick, wie flächendeckende, digitale Bildung in den nächsten Jahren umgesetzt werden könnte.

2 Stand des Faches und der Lehreraus- und -fortbildung

Da in Deutschland die Bildungshoheit bei den einzelnen Bundesländern liegt, gibt es 16 verschiedene Bildungssysteme mit unterschiedlichen Schwerpunkten. Dazu wird die Situation erst überblicksartig dargestellt, bevor es zu NRW mehr Details gibt.

2.1 Das Schulfach Informatik in Deutschland und speziell in NRW

So verschiedenen die Bildungssysteme sind, so verschieden ist die Stellung des Schulfachs Informatik in ihnen. Es gibt Bundesländer, in denen Informatik zum Pflichtkanon nahezu aller Schülerinnen und Schüler in den weiterführenden Schulen gehört. Dazu zählen Bayern, Sachsen und Mecklenburg-Vorpommern. Bremen, Hamburg, Hessen und Baden-Württemberg sehen lediglich eine fächerintegrative Vermittlung von informatischen Kenntnissen vor. In den restlichen Bundesländern findet Informatik ausschließlich im Wahl(pflicht)bereich statt[St10]. Ähnlich unterschiedliche Entwicklungen sind auch international zu beobachten.

Im Primarbereich streben die meisten Bundesländer, zumindest offiziell laut ihren Lehrplänen, eine informatische Grundbildung an. Diese ist jedoch kaum verwirklicht, da sowohl die technische Ausstattung (des Großteils) der Schulen, als auch die Ausbildung der Lehrkräfte nicht im entsprechenden Maße vorhanden sind [Be08], [Re14]. In der *Sekundarstufe I* gibt es häufig keine Verpflichtung zum Besuch des Informatikunterrichts. Auch die Idee eines Informatikunterrichts, der in andere Schulfächer integriert ist, scheitert häufig an der Realität [St10]. Als gleichberechtigtes Fach, z. B. zu den Naturwissenschaften, wird Informatik nur in einzelnen Ländern (z. B. an Naturwissenschaftlich-technologischen Gymnasien in Bayern) angesehen. In der Sekundarstufe II steht den Schülerinnen und Schülern je nach Angebot ein Grund- oder selten auch ein Leistungskurs zur Wahl.

In NRW umfasst die *Primarstufe* die ersten vier Schuljahre. Dort gibt es keinen expliziten Informatikunterricht, jedoch soll der „Umgang mit Medien", unter anderem integriert in das Fach Englisch, und der Schwerpunkt „Gestaltung mit technisch-visuellen Medien", dieser hauptsächlich im Fach Kunst, unterrichtet werden [Ku12]. Die Ausgestaltung dieser integrierten Ansätze ist sowohl aus technischer als auch aus personeller Sicht kaum zu leisten [Re14]. In der *Sekundarstufe I* gibt es schulformübergreifend hauptsächlich drei Kategorien von informatischer Bildung: ein *Einführungskurs* zum Erwerb von IT-Grundkenntnissen in Klasse 5/6, eine in andere Fächer integrierte Informations- und Kommunikationstechnologische Grundbildung (IKG) in den Klassen 7 bis 9 und Informatik im *Wahlpflichtbereich II*. [Re10], [St10]. In der *Sekundarstufe II* findet sich Informatik an einigen Schulen noch als *Grundkurs* wieder, als *Leistungskurs* jedoch nur an sehr technisch bzw. MINT[4]-orientierten Schulen.

Der Stellenwert des Fachs Informatik in NRW wird besonders deutlich, wenn man sich die aktuellen Zahlen an Informatiklehrkräften im Vergleich zu anderen Naturwissenschaften anschaut. So gab es im Schuljahr 2014/15 über alle Schulformen hinweg lediglich 3.050 Lehrkräfte mit der Lehrbefähigung für Informatik. Davon fallen 1.419 auf das Gymnasium. Zum Vergleich gibt es in Chemie für Gymnasien mit 3.205 Lehrkräften bereits doppelt so viele Lehrbefähigungen, für Biologie sind es 5.669 und Mathematik als Hauptfach liegt bei 8.421 Lehrkräften [Mi15b]. Um alleine den Stellenwert sowie die Unterrichtsstunden vom Fach Chemie oder Physik zu erreichen, müsste sich die Anzahl der Lehrbefähigungen verdoppeln [Kl15].

2.2 Fortbildungsangebote für Lehrkräfte im Bereich der Informatik

Um die benötigte Anzahl an qualifizierten Lehrkräften für den Themenbereich digitale und informatische Bildung zu erzielen, muss neben der universitären Ausbildung vor allem auch das Fortbildungsangebot deutlich ausgebaut werden. Das bereits bestehende Fortbildungsangebot ist, analog zum restlichen Bildungssystem, stark vom Bundesland abhängig, weshalb an dieser Stelle dieses in NRW beispielhaft beleuchtet wird.

---

[4] MINT steht für Mathematik, Informatik, Naturwissenschaften und Technik

Die staatliche Lehrerfortbildung erfolgt in NRW durch die Moderatorinnen und Moderatoren der 53 Kompetenzteams, organisiert in fünf Bezirksregierungen [Mi15a]. Die Anbieter der Fortbildungsveranstaltungen sind Lehrkräfte der entsprechenden Fächer, die für diese Tätigkeit speziell qualifiziert wurden [Bi16].

Die Suche nach dem Begriff „*Informatik*" auf der NRW-spezifischen Fortbildungsplattform[5] ergibt aktuell 71 Treffer mit Dopplungen aufgrund von mehrfachen Angeboten in verschiedenen Bezirksregierungen (Stand 09.03.2016). Davon fachlich relevante Angebote beschränken sich in themenspezifischen Angeboten auf die Sekundarstufe I und II. Das Fortbildungsangebot für Grundschullehrkräfte in Bezug auf informatische Themen bzw. digitale Bildung ist mit einzelnen Treffern[6] nahezu nicht existent. Bei der Suche nach dem Schlagwort „*Informatik*" in Kombination mit dem Filter „Grundschule" ergeben sich aktuell vier Treffer mit starkem Fokus auf den Themenbereich Robotik. Die Suche nach „*Informatik*" und „*Grundschule*" liefert den „Münsteraner Workshop zur Schulinformatik 2016" und eine „Fortbildung zur Informatik für Lehrkräfte" in Anlehnung an das Fach „Computing" in Großbritannien, die 2015 ebenfalls an der WWU Münster stattfand und auf Anfrage erneut angeboten wird. Bei der manuellen Suche innerhalb der Trefferliste für „Informatik", fand sich noch der „15. Informatiktag NRW". Insgesamt zeigt sich ein sehr punktuelles Angebot, welches in vielen Fällen ausschließlich auf Anfrage durchgeführt wird. Den Autoren liegen keine Statistiken über die aktuell durchgeführten Fortbildungsveranstaltungen vor.

2.3   Rechtliche Rahmenbedingungen

Eines der Probleme in NRW ist die schwierige rechtliche Situation hinsichtlich Fortbildungsveranstaltungen und in direktem Zusammenhang auch die geringe (finanzielle wie personelle) Entlastung der Schulen. Das konkrete Fortbildungsbudget ist dabei abhängig von der Größe des Lehrerkollegiums; so erhalten Schulen mit bis zu 17 Lehrkräften pauschal 800€ jährlich, größere Schulen 45€ pro Lehrkraft [Bi16].

In NRW sind Lehrkräfte zu (privaten) Fortbildungen laut Schulgesetz verpflichtend ([Mi15c], §57, Abs. 3). Jedoch dürfen diese in der Regel nur dann durchgeführt werden, wenn der betroffene Unterricht vor- oder nachgearbeitet bzw. geeignet vertreten wird. Diese Anforderungen sind in den meisten Schulen, gerade im Fach Informatik, aufgrund niedriger Lehrerzahlen, häufig schwer zu realisieren. Zusätzlich ist nicht einheitlich geregelt, in welchem Umfang Fortbildungen besucht werden müssen. Hier heißt es lediglich: „Lehrerinnen und Lehrer sind verpflichtet, sich zur Erhaltung und weiterer Entwicklung ihrer Kenntnisse und Fähigkeiten selbst fortzubilden" [Mi15c]. Diese Vorgaben erschweren vielen Lehrkräften die Teilnahme an Fortbildungsmaßnahmen bzw. lassen Interpretationsspielraum für eine sehr sporadische Teilnahme. Dadurch ist eine adäquate Fortbildung bestehender Lehrkräfte im Bereich digitaler Bildung von der Grundschule bis zum Abitur nur schwer realisierbar.

---

[5] Link zur Fortbildungssuchmaschine: http://www.suche.lehrerfortbildung.schulministerium.nrw.de
[6] Der einzige Treffer zum Schlagwort „digitale Bildung" eingeschränkt für Grundschule lautet „Online-Seminar für Grundschulleiter und Stellvertreter für den Themenbereich „Neue Medien und die Zukunft 2018: Was müssen Lehrkräfte wissen?"

3 Konkrete Beispiele für Lehrerfortbildungen

Nachdem die aktuelle Situation aus verschiedenen Blickwinkeln beleuchtet wurde, gilt es nun konkrete Vorschläge zu unterbreiten. Dazu werden hier Fortbildungsideen für Lehrkräfte von der Grundschule bis zur Sekundarstufe II vorgestellt. Diese haben unterschiedliche Konzepte mit Präsenz- und Online-Anteilen; weiter sind diese unterschiedlich etabliert, manche sind noch in der Entwicklung, andere schon an zahlreichen Standorten umgesetzt worden.

3.1 Fortbildungsangebot für Grundschullehrkräfte (in der Entwicklung)

Diese Fortbildungsidee ist Kern einer Kooperation der drei Universitätsstandorte RWTH Aachen, Uni Paderborn und Uni Wuppertal mit dem Ministerium für Schule und Weiterbildung des Landes NRW. Das Projekt *„Informatik an Grundschulen"* befindet sich aktuell noch in der Entwicklung. Ziel ist es, informatische Basisthemen wie „Digitale Welt", „Robotik" und „Verschlüsselung" bereits im Grundschulalter auf entsprechendem Niveau zu thematisieren. So soll frühzeitig ein Grundverständnis für unsere digitalisierte Welt geschaffen werden. Die im Verbund entwickelten Unterrichtsmodule sollen ab dem Schuljahr 2016/17 über Schulungen in den Sachunterricht der Grundschulen fließen. Die große Herausforderung stellt das fehlende fachliche Wissen bei den Lehrkräften dar und abhängig von der Ausgestaltung u. U. auch die ungeeignete Ausstattung der Schulen. Bei den ersten drei Unterrichtsmodulen wird darauf insofern Rücksicht genommen, dass diese nahezu unabhängig von der schulischen Ausstattung umsetzbar sind. Das Konzept sieht vor, dass aktive Sachunterrichtslehrkräfte in 1,5-tägigen Fortbildungsveranstaltungen (zu Informatikinhalten wie auch beispielhaften Umsetzungsideen) befähigt werden, erste Grundkonzepte der Informatik zielgruppengerecht zu vermitteln. Dabei stehen ihnen Lernmaterialien kostenfrei zum Download zur Verfügung.

3.2 Fortbildung zur App-Programmierung mit dem App Inventor

Auch für die Unterstufe sind bereits Fortbildungsideen in der Entwicklung. So sollen mittels des MIT App Inventor[7] spielerisch erste Programmierkonzepte kennengelernt und mit Hilfe einer grafischen Programmierumgebung realisiert werden. Die Lernenden können in diesem browsergestützten Tool selbst kleine Apps für ihr Smartphone generieren, was einen starken Alltagsbezug und damit Motivationsfaktor mit sich bringt.

Aufgrund des hohen Erfolges dieser Angebote im Schülerlabor InfoSphere wurden zu diesem Thema bereits vereinzelt Fortbildungen angeboten (in Aachen wie auch auf der landesweiten Lehrerfortbildung in Sachsen), die jedoch bisher hauptsächlich darin bestanden, die Schülermaterialien nach einer kurzen Einführung selbst auszutesten. Dazu wurden sowohl die benötigten Google-Accounts als auch die Tablets bzw. Smartphones zum Ausprobieren zur Verfügung gestellt. Da alle Materialien des InfoSphere als freie

---

[7] appinventor.mit.edu

Bildungsressourcen (OERs) zum Download und zur eigenen Bearbeitung zur Verfügung stehen, sind die Lehrkräfte nach der Veranstaltung in der Lage, dieses Modul im eigenen Unterricht umzusetzen. Aktuell entsteht im Rahmen einer Staatsexamensarbeit zum App Inventor ein didaktisch und inhaltlich auf die Zielgruppe (fachfremde) Lehrkräfte der Sekundarstufe I abgestimmtes Fortbildungsmodul.

3.3 Fortbildung zum Einstieg in die textuelle Programmierung mit Arduino

Diese Fortbildung ist bereits sehr etabliert und wurde 14-mal an unterschiedlichen Orten Deutschlands durchgeführt (u.a. in Bremen, Berlin, Cottbus, Duisburg). Ziel dieser 6-stündigen Präsenzfortbildung ist es, Lehrkräften der Sekundarstufe I Möglichkeiten zu bieten, den Einstieg in die textuelle Programmierung über Arduino-Mikrocontroller zu gestalten. Dabei steht das selbstständige Ausprobieren im Fokus. Über den aufgearbeiteten Schülerworkshop hinaus bietet das Fortbildungsmaterial eine umfangreiche Hilfe bei Fehlern (sowohl in der Soft- als auch in der Hardware), die den Lehrkräften den Einsatz der Mikrocontroller im eigenen Unterricht erleichtern soll.

Als nachhaltige Erweiterung (oder auch Alternative) der Präsenzfortbildung zu Arduino-Mikrocontrollern, entstand 2015 eine Online-Fortbildung in Form eines MOOCs (Massive Open Online Course)[8], bestehend aus zahlreichen Erklärvideos, kleinen Quizfragen zur Selbstreflexion und Aufgaben zum Ausprobieren. Dabei umfassen die Videos neben den Bestandteilen des Schülermoduls viele weitere spannende Bauteile, die für eigene Projekte in längeren Unterrichtseinheiten oder auch einer Projektwoche verwendet werden können.

3.4 Konzept der Fort- und Weiterbildung zur OOM und OOP in Java

Da die bisherigen Fortbildungsangebote, im klassischen Präsenzformat, das Problem mit sich bringen, Lehrkräfte in dieser Zeit vom Unterricht befreien zu müssen und damit Unterrichtsausfall nach sich ziehen, wurde in diesem Fortbildungsangebot darauf geachtet, dass dieses flexibel in den Unterrichtsalltag eingebettet werden kann. Dazu wird ein Blended-Learning-Ansatz realisiert, bei dem E-Learning-Angebote mit einzelnen Präsenzveranstaltungen kombiniert werden. So können fachliche Inhalte zeitlich und örtlich flexibel, im individuellen Tempo erarbeitet werden. Zusätzlich schaffen gezielte Präsenzveranstaltungen die Möglichkeit zur fachlichen Vertiefung sowie zum Austausch bezüglich der didaktischen Umsetzung im Unterricht sowie möglicher Hürden.

Nach diesem Konzept ist eine Online-Fortbildung zur objektorientierten Modellierung und Programmierung am Beispiel von Java für die Sekundarstufe II entstanden. Dabei wurde ebenfalls eine MOOC-Plattform (s. Abschnitt 3.3) genutzt. Die Inhalte werden den Lehrkräften durch kleine Erklärvideos, gefolgt von Programmieraufgaben mit Hilfe eines HTML5-basierten Online-Editors, vermittelt. Self-Assessment-Aufgaben in jeder

---

[8] Das MOOC des Schülerlabor InfoSphere ist erreichbar unter: http://mooc.informatik.rwth-aachen.de/

Einheit ermöglichen eine Überprüfung des eigenen Wissens. In Zukunft soll der Online-Kurs um didaktische Hinweise für die Teilnehmerinnen und Teilnehmer erweitert werden und auch Peer-Reviews sollen zusätzlich ergänzt werden. Im Anschluss an den Online-Kurs sollen verschiedene Programmierprojekte, mit Tools wie BlueJ, Greenfoot, eine Vertiefung der Inhalte ermöglichen und verschiedene Ansätze der Umsetzung im Unterricht aufzeigen.

4 Zusammenfassung und Ausblick

Das deutsche Schulsystem steuert aktuell auf eine große Herausforderung in Bezug auf die Aus- und vor allem Fortbildung von Lehrkräften für informatische Bildung für alle Schulstufen zu. Da informatischen Inhalten bzw. dem gesamten Bereich digitale Bildung bisher nur ein sehr geringer Stellenwert im Fächerkanon zugestanden wurde, müssen zur flächendeckenden Umsetzung dieser Themen in der Schule zukünftig zahlreiche Lehrkräfte qualifiziert werden. Dazu bedarf es, fachlich wie didaktisch, qualitativ hochwertiger Fortbildungsmaßnahmen, wie auch entsprechender Lehr-Lern-Materialien.

Die Fortbildungsveranstaltungen richten sich an verschiedene Zielgruppen, von Grundschullehrkräften ohne fachliche Vorkenntnisse, die digitale Bildung z. B. im Rahmen des Sachunterrichts umsetzen sollen, bis zu fachlich sehr gut ausgebildeten Informatiklehrkräften, die ein spezielles Thema (wie Mikrocontroller-Programmierung) zu ihrem Kompetenzprofil hinzufügen wollen. Um diese verschiedenen Zielgruppen integriert in ihren Schulalltag fortzubilden, bedarf es unterschiedlicher Konzepte. Das Spektrum umfasst dabei Präsenz- und Online-Angebote wie auch solche für Neulinge und erfahrene Lehrkräfte.

Insgesamt muss die Relevanz von Lehrerfortbildungen zur Steigerung der Unterrichts-qualität, insbesondere für die Themenbereiche „Digitale Bildung" und „Informatik" stärker wahrgenommen werden. Zur Umsetzung müssen verschiedene Fortbildungs-angebote realisiert werden, die verschiedene Zielgruppen wie auch die große Variabilität der inhaltlichen wie didaktischen Konzepte abdecken.

Literaturverzeichnis

[Be08]   Bertow, A.: Schüler, Lehrer und Neue Medien in der Grundschule. Verlag Dr. Kovac, Hamburg, 2008.

[Bi16]   Bildungsportal des Landes Nordrhein-Westfalen: Fortbildungen für Lehrkräfte in NRW. Suche.Fortbildung.NRW. 17.03.2016.

[BM15]   Best, A.; Marggraf, S.: Das Bild der Informatik von Sachunterrichtslehrern. In (Gallenbacher, J. Hrsg.): 16. GI-Fachtagung Informatik und Schule, 2015.

[He07]   Heise Zeitschriften Verlag: Eltern und Schüler wollen Informatik als Pflichtfach. 17.06.2013.

[HM10]   Hubwieser, P.; Mühling, A.: Ausgewählte Ergebnisse einer Befragung von Lehrkräften zum Unterrichtsfach Informatik in Bayern. 2010.

[Hu04]   Hubwieser, P.: Memorandum der Gesellschaft für Informatik e.V. (GI). Digitale Spaltung verhindern – Schulinformatik stärken!, Ulm, 2004.

[Kl15]   Klemm, K.: Lehrerinnen und Lehrer der MINT-Fächer: Zur Bedarfs- und Angebotsentwicklung in den allgemein bildenden Schulen der Sekundarstufen I und II am Beispiel Nordrhein-Westfalens, Essen, 2015.

[Ku12]   Richtlinien und Lehrpläne für die Grundschule in Nordrhein-Westfalen. Ritterbach, Frechen, 2012.

[La11]   Langlet, J.: Dramatischer Lehrermangel in den Naturwissenschaften, 2011.

[Mi15a]   Erläuterungen zum Entwurf des Haushaltsplans für das Haushaltsjahr 2016 Einzelplan 05, Düsseldorf, 2015a.

[Mi15b]   Ministerium für Schule und Weiterbildung des Landes Nordrhein-Westfalen: Das Schulwesen in Nordrhein-Westfalen aus quantitativer Sicht, Düsseldorf, 2015b.

[Mi15c]:   Schulgesetz für das Land Nordrhein-Westfalen. 2015c.

[Pa13]   Pagel, P.: IT-Fachkräftemangel bremst Unternehmen aus, 2013.

[Re10]   Reher, J.: Dossier über die Informatik in der allgemeinbildenden Schule für die Bundesländer Nordrhein-Westfalen und Niedersachsen. Dossier, Potsdam, 2010.

[Re14]   Rehse, M.: Große Unterschiede bei der IT-Ausstattung an Schulen. Berlin, 2014.

[Sc10]   Scheer, A.-W.: Bildung 2.0: Digitale Medien in Schulen, Berlin, 2010.

[St10]   Starruß, I.: Synopse zum Informatikunterricht in Deutschland. Dresden, 2010.

Vision einer Lehrerfortbildung zum Informatikunterricht via Blended Learning – Analyse einer Lehrerumfrage zur Fortbildungsplanung

Kensuke Akao[1]

Abstract: Lehrerfortbildungen ermöglichen Lehrkräften, dass sie mit dem Erwerb von mehr grundständigem Wissen und dem Austausch von Erfahrungen ihren Unterricht verbessern. Aber für viele Lehrkräfte ist es schwierig an Fortbildungen teilzunehmen, da Zeit oder Ort ungünstig sind. Mein Projekt ist eine Untersuchung des Einsatzes von E-Learning in Blended-Learning-Szenarien um für Informatiklehrkräfte mehr Chancen auf eine Teilnahme an einer Lehrerfortbildung zu bieten. Ich erstelle derzeit ein Konzept unter Verwendung eines Prototyps zum Thema „Datensicherheit, Datenschutz und Datenbank"[2]. Hierzu habe ich vorab eine Umfrage durchgeführt, die nach den Meinungen von Informatiklehrkräften über die Situation der aktuellen Lehrerfortbildung, der Schulinformatik sowie der Bereitschaft zu E-Learning für eine Lehrerfortbildung fragt. Mit aktuell 15 Rückmeldungen von Lehrkräften aus zwei Regierungsbezirken in Nordrhein-Westfalen lassen sich zumindest Tendenzen erkennen, wie E-Learning ein Beitrag zur grundständigen Fortbildung zum Informatikunterricht sein kann.

Keywords: Lehrerfortbildung, Informatikunterricht, E-Learning, Blended Learning, Mediendidaktik, Datensicherheit, Datenschutz, Datenbank

1   Einleitung

In Deutschland gibt es Lehrerfortbildung (oder Lehrerweiterbildung) für Informatiklehrkräfte, die bereits in schulischer Praxis stehen oder Informatik als weiteres Fach lehren sollen [FN16]. Da die Entwicklungsgeschwindigkeit der Informationstechnologie sehr hoch ist, brauchen die Informatiklehrkräfte immer eine Menge von neueren Kenntnissen, um aktuelle Fallbeispiele sowie Probleme zu erkennen. Dies unterscheidet sich zu vielen anderen Fächern, bei denen die Lehrkräfte hauptsächlich festgestandene Kenntnisse unterrichten sollen [Oi01].

Es gibt zu wenig grundständig ausgebildete Lehrkräfte für das Fach Informatik in Deutschland. Da die Schulinformatik noch viele fortgebildete Lehrkräfte benötigt, ist der Bedarf an Lehrerfortbildung zum Informatikunterricht hoch (vgl. [EM06]). Außerdem setzt sich Nordrhein-Westfalen jetzt mit dem neuen Kernlehrplan zum Wahlpflichtfach

---

[1] Westfälische Wilhelms-Universität Münster, Didaktik der Informatik, Fliednerstrasse 21, 48149 Münster, kensuke.akao@uni-muenster.de

[2] Unter dem Begriff Datensicherheit werden die Gefährdung sowie geeignete technische Gegenmaßnahmen zur Abwehr von Defekten durch Malware u. a. verstanden (s. a. Kernlehrplans „Chancen und Risiken bei der Nutzung von Informatiksystemen"). Und, Datenschutz meint den Schutz der Privatsphäre wie Schutz personenbezogener Daten vor Missbrauch [BW12] (s. a. Kernlehrplans „Informatiksysteme im Kontext gesellschaftlicher und rechtlicher Nomen").

Informatik [KI15] auseinander, wobei sich Lerninhalte, Aufgaben und Ziele des Informatikunterrichts vergrößern. Es ist jedoch ein großes Hindernis, dass viele Lehrkräfte nur wenig Zeit haben, an Fortbildungen teilzunehmen, und/oder nicht in der Nähe von Veranstaltungsorten arbeiten.

In vielen Bereichen, nicht nur in der Informatik, wird E-Learning angeboten (z.B. MOOCs oder Khan Academy), so dass Teilnehmer/innen[3] ohne Einschränkung durch Zeit oder Ort flexibel lernen können. Informatiklehrkräfte sind Computer-affin, so dass hier eine vorteilhafte Situation für den Einsatz von E-Learning in Lehrerfortbildungen vermutet werden kann. Auch wurden in der „Virtuellen Lehrerweiterbildung Informatik in Niedersachsen (VLIN)" bereits erfolgreich Informatiklehrkräfte via Blended Learning ausgebildet [VL16]. Allerdings sind keine aussagekräftigen Evaluationen zur Wirkung von E-Learning in der Informatikfort- und -weiterbildung bekannt. Es ist noch unklar, was ein passendes Konzept für regelmäßige, externe (z.B. an einer Universität stattfindende) Lehrerfortbildungen zum Informatikunterricht ist.

Daher untersuche ich in meinem Projekt, ob und wie E-Learning einen Beitrag zur grundständigen Fortbildung von Informatiklehrkräften leisten kann, um mit dem Einsatz von E-Learning mehr Chancen auf Teilnahme an einer Lehrerfortbildung zu bieten. Damit ich zufriedenstellendes Material für Lehrkräfte entwickeln kann, muss ich deren Erwartungen berücksichtigen. Deshalb habe ich eine Umfrage durchgeführt, um die Meinungen von Informatiklehrkräften über die Situation aktueller Lehrerfortbildungen, der Schulinformatik, sowie von E-Learning für Lehrerfortbildungen zu erhalten.

In diesem Beitrag werde ich erste Erkenntnisse aus der Umfrage diskutieren, mit Blick auf ein passendes Angebot eines Moduls für die Informatiklehrkräfte. Abschließend gebe ich einen Ausblick auf meine weitere Forschungsplanung und stelle diese zur Diskussion.

2 Neue Fortbildungsplanung „Datensicherheit, Datenschutz und Datenbank"

Anknüpfend an ein älteres Projekt an der WWU Münster plane ich derzeit ein neues Lehrerfortbildungsprojekt FIT-2 (Fortbildung zum Informatikunterricht durch Tele-learning 2) unter Verwendung von E-Learning in Blended Learning-Szenarien, bei dem die Informatiklehrkräfte sich mit kleinen abgeschlossenen Modulen zum Thema „Datensicherheit, Datenschutz und Datenbank" beschäftigen können. Anschließend sollen Erkenntnisse auf weitere Themen-Module und deren Vernetzung angewendet werden. In diesem Kapitel begründe ich die Wahl des Themas und ein erstes geplantes Szenario des Einsatzes von E-Learning zu diesem Projekt.

---

[3] Soweit im Folgenden Gruppen- und Personenbezeichnungen Verwendung finden, so ist mit der männlichen Form auch stets de jeweils weibliche Form gemeint, außer wenn dies explizit anderes benannt wird.

2.1 Bedeutung der Themen „Datensicherheit Datenschutz und Datenbank"

Der aktuelle Kernlehrplan in NRW bestimmt, dass einige Inhaltsfelder im Wahlpflicht-fach Informatik die Datensicherheit und Datenschutz behandeln: die Schüler lernen in der SEK-I hauptsächlich im Inhaltsfeld „Informatik, Mensch und Gesellschaft" Grundwissen an Fallbeispielen über Gefahren und Maßnahmen sowie Normen und Rechte ([KI15], S.20ff). In der SEK-II werden dann auch praktische Kenntnisse oder Fähigkeiten über die Architektur und Algorithmen von konkreten Maßnahmen gelehrt.

Da der „moderne Mensch" beispielweise mit seinen privaten Daten in eine komplexe Onlinegesellschaft eingebunden ist, erhalten Datensicherheit und Datenschutz eine immer höhere persönliche Relevanz. Es gibt eine Endlosschleife zwischen der Entwicklung neuer Angriffsmethoden und Sicherheitsmaßnahmen, d.h. man muss immer auf dem neusten Stand bleiben. Deshalb müssen SuS auch lernen, sich auf zukünftige Veränderungen einzustellen. Es kommt hinzu, dass Datenbanken, die in der Onlinegesellschaft durch Dienste wie Cloud, Big Data oder E-Commerce unentbehrlich geworden sind, eine tiefe Verknüpfung mit dem Lernen über Datensicherheit und Datenschutz hat.

Viele dieser Kenntnisse sollten argumentativ erschlossen werden. Informatiklehrkräfte müssen daher den Unterrichtsinhalt bis hin zum Fachinhalt tief und richtig verstanden haben, damit sie korrekt auf die Ideen und Vorstellungen der Schüler eingehen können. Deshalb denke ich, dass diese drei Themen einen sehr attraktiven Fortbildungsinhalt darstellen.

2.2 Einsatz von E-Learning in Blended Learning-Szenarien mit den Lernmodulen

E-Learning weist nicht nur Vorteile, sondern auch verschiedene Nachteile gegenüber Präsenz- und Praxisveranstaltungen auf. Es gibt die Notwendigkeit zur Verbesserung der unterschiedlichen Lehrmethoden. Das Fehlen einer sozialen Face-to-Face-Kommunikation ist ein klarer Nachteil für eine „reine" Online-Lehrerfortbildung. Blended Learning (integriertes Lernen) ist ein Begriff aus dem E-Learning, und meint eine Kombination von Online-Lernmaterialien und Präsenzveranstaltungen ([Ke13], S.8ff). Das Verfahren kann einseitige Nachteile ausgleichen und gemeinsame Vorteile entfalten. Weiterhin kann durch eine Aufteilung in mehrere in sich abgeschlossene, kurze „Lernmodule" ([Ke13], S.14), die miteinander vernetzt sind, das Online-Lernen sinnvoll segmentiert sowie flexibel und effektiv gestaltet werden.

3 Organisation einer Lehrerumfrage

Damit ich ein für Lehrkräfte effektives und effizientes Modul entwickeln kann, muss ich auch ihre Erwartungen berücksichtigen. Deshalb habe ich eine Umfrage organisiert. In diesem Kapitel wird diese Umfrage vorgestellt.

3.1   Ziel der Lehrerumfrage

Ziel dieser Umfrage war es, die Meinungen von Informatiklehrkräften über die Situation aktueller Lehrerfortbildungen, der Schulinformatik, sowie zu E-Learning Konzepten für Lehrerfortbildungen zu den Themen Datensicherheit, Datenschutz und Datenbank herauszuarbeiten.

3.2   Durchführung der Umfrage

Diese Umfrage wurde von 15. Jan. bis 1. Feb. 2016 im Internet in Online-Form durchgeführt. Der Aufruf zur anonymen Teilnahme wurde über Schul-Mailinglisten zweier Regierungsbezirke in Nordrhein-Westfalen gesendet. Aktuell liegen 15 Antworten von Lehrkräften (Gymnasium: 14, keine Angabe: 1) vor. Elf Lehrkräfte sind männlich und zwei Lehrkräfte sind weiblich. Altersverteilung: unter 30 Jahre: 2, 30-39 Jahre: 8, 40-49 Jahre: 3, über 50 Jahre: 1. 14 Lehrkräfte unterrichten Informatik als reguläres Fach (Sek-I: 2, Sek-II: 5, beide: 7). Eine Lehrkraft unterrichtet aktuell nur Mathematik. Eine andere Lehrkraft unterrichtet erst seit diesem Jahr Informatik, deshalb war sie noch auf keiner Lehrerfortbildung zum Informatikunterricht.

4   Leistung und Analyse der Umfrage

In diesem Kapitel berichte ich über die erhobenen Daten der Umfrage. 15 Rückmeldungen sind bisher noch sehr wenig. Es lassen sich daher nur Tendenzen erkennen, welchen Beitrag E-Learning zur grundständigen Fortbildung zum Informatikunterricht leisten kann.

4.1   Fragenkategorie: Fortbildungsthemen „Datenschutz, Datensicherheit und Datenbank"

- **Aktuelle Selbstschätzung der Kenntnisse**

Die meisten Teilnehmer schätzen die eigenen Kenntnisse zur Informatik (allgemein) und zu Datenbank als ziemlich hoch ein. Bei Datensicherheit und Datenschutz fällt die Selbsteinschätzung vergleichsweise niedriger aus (Abb.1). Dies ist zwar eine subjektive Einschätzung der Kenntnisse von Lehrkräften, aber von dieser Tendenz ausgehend kann man vermuten, dass es zu den Themen Datensicherheit und Datenschutz mehr Fortbildungsbedarf gibt.

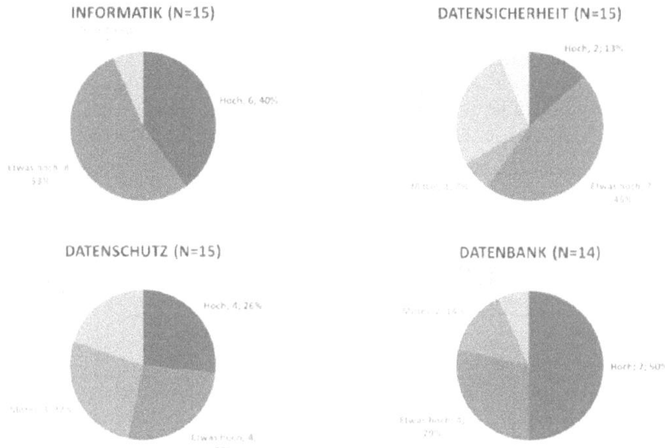

Abb. 1: Aktuelle Selbstschätzung der Kenntnisse

- **Interesse an Themen**

Tendenziell wird von Lehrkräften mehr Interesse an dem Bereich „Datensicherheit und Datenschutz" als an dem Bereich „Datenbank" geäußert (Tab.1). Auf die Frage „Mit welchen Aspekten zu den obigen Themen würden Sie sich gerne konkret befassen" kreuzten die Lehrkräfte an: „Aufgaben und Fallbeispiele (12 Lehrkräfte: 80%)", „Programmierung (9 Lehrkräfte: 60%)" und „Algorithmus und Strukturen (8 Lehrkräfte: 53.3%)".

Ranking	Thema	Bereich	Durchschnitt[4]
1	Sicheres Programmieren	Datensicherheit und -schutz	4.1
2	Recht und Ethik	Datensicherheit und -schutz	3.5
2	Gefahren aus dem Internet	Datensicherheit und -schutz	3.5
4	Datenverlust und Backup	Datensicherheit und -schutz	3.3
5	Sicherheitsmaßnahmen	Datensicherheit und -schutz	3.2
6	Aufbau der DB	Datenbank	2.7
6	Modellierung der DB	Datenbank	2.7
8	Einsatz der DB	Datenbank	2.6

Tab.1: Ranking des interessanten Themas

Besonders beliebt ist „Sicheres Programmieren". Die Auswahl der Programmiersprache JAVA in der gymnasialen Oberstufe ist hierfür meiner Meinung nach jedoch leider etwas unpassend[5].

---

[4] Diese Frage wurde nach dem Interesse jeder Themen mit 5 Stufe Skala (1: nicht interessant – 5: sehr interessant) gefragt.

[5] In der Industrie wird hierfür normalerweise mit PHP oder CGI (z.B. Python) gearbeitet [Se14]. Natürlich gibt

- **E-Learning-Module**

Den aus der Umfrage sich ergebenden idealen Zeitaufwand pro Modul und die ideale Häufigkeit des Lernens pro Monat gibt Tab. 2 an. Es ist höchst interessant, dass sich niemand über 45 Minuten Online-Modulen beschäftigen möchte.

		Zeitaufwand (n=15)					
		Nur 15 min.	15-30 min.	Nur 30 min.	30-45 min.	nur 45 min.	über 45 min.
	1-2 Module/Monat	0	3	4	0	2	0
	3-4 Module/Monat	0	0	2	1	0	0
Häufigkeit	5-6 Module/Monat	1	0	1	0	0	0
	Keine	1	0	0	0	0	0
	Insgesamt	2	3	7	1	2	0

Tab. 2: Idealer/e Zeitaufwand pro Modul und Häufigkeit pro Monat

Meiner Ansicht nach, sollte ein möglicher Maßstab, nachdem jeder Teilnehmer sich beim Lernen mit den angebotenen Online-Modulen sein eigenes Tempo und flexible Pausen aussuchen kann, so gestaltet sein, dass die Summe der Dauer pro einen Inhalt oder Teil max. 30 Minuten zu Ende gehen soll. Indem die Dauer je Material oder Aufgabe auf 10-15 Minuten beschränkt wird, kann das Online-Lernen flexibel angepasst werden (z. B., wenn Lehrkräften 45 Minuten Zeit haben).

Zu dem wünschenswerten Materialtyp der E-Learning-Module: Es gibt viele positive Antworten zu den drei Materialtypen Software-Applikationen (13 Lehrkräfte: 87%), Video (11 Lehrkräfte: 73%) und E-Book (11 Lehrkräfte: 73%). Zehn Lehrkräfte (66%) haben geringes Interesse an E-Learning-Modulen, die man auch begleitend durcharbeiten kann (als Nebentätigkeit z. B. beim Joggen, Bahn fahren usw.). Das ist überraschend. Eine Ursache könnte fehlende Erfahrung mit entsprechenden Materialien sein. Ich möchte diesen Punkt in einer Folgebefragung mit einem selbst entwickelten Modul als Beispiel für diesen Materialtyp noch einmal untersuchen.

4.2 Fragekategorie: aktuelle Fortbildungssituation der Informatiklehrkräfte

Sieben Lehrkräften finden, dass Fortbildungen zum Informatikunterricht einmal pro Jahr stattfinden sollten. Sieben weitere Lehrkräfte meinen einmal pro Quartal. Aber zwei Lehrkräfte, die „einmal pro Jahr" geantwortet haben, und sechs Lehrkräfte, die „einmal pro Quartal" geantwortet haben, konnten in den vergangen drei Schuljahren seltener als gewünscht eine Fortbildungsveranstaltung besuchen. Von acht Lehrkräften werden im Freitext die folgenden Aspekte als Hindernis zu einer Teilnahme an Fortbildungen angegeben: Zeit, Ort, unpassendes Thema, Aufwand, zu viel Unterrichtsausfall und personelle Gründe. Sechs Lehrkräften sagen, dass sie aus Zeitmangel nicht teilnehmen konnten. Alle anderen Gründe werden nur einmal benannt.

---

es in JAVA auch Methoden für Datensicherheit [Lo11], doch die übergreifende Sicherheit dieser Programmiersprache im Bereich Datensicherheit nimmt seit 2013 Mangels zeitnaher Beseitigung von Sicherheitslücken durch Oracle ab.

Bei der Beantwortung der Frage, inwieweit die Erwartungen zu einer aktuellen Fortbildung erfüllt wurden, ergab sich folgende Verteilung: voll erfüllt (1) - erfüllt (4) - mittel (4) - (gar) nicht erfüllt (0).

4.3 Fragekategorie: aktuelle Unterrichtssituation der Informatik in der Schule

Die Auswertung der Antworten zur Frage „In welchen Jahrgangstufen sind Themen in Ihr Schule behandelt worden" wird in Tabelle 3 und Tabelle 4 wiedergegeben. Die Jahrgangstufen, in denen die Themen Datensicherheit oder Datenschutz behandelt werden, sind von Schule zu Schule unterschiedlich, aber das Thema Datenbank wird relativ oft in der Sekundarstufe II unterrichtet. Tabelle 5 zeigt, dass Datenbank öfter als Datensicherheit oder Datenschutz unterrichtet wird.

	nur Sek-I	nur Sek-II	Sek-I & II	keine
Datensicherheit (n=15)	6	6	3	0
Datenschutz (n=15)	4	3	7	1
Datenbank (n=15)	1	11	2	1

Tab.3: Stufen, in die Themen Datensicherheit, Datenschutz und Datenbank behandelt werden

	Klasse 5	Klasse 6	Klasse 7	Klasse 8	Klasse 9	Klasse 10	Oberstufe
Datensicherheit	1	1	2	5	4	1	9
Datenschutz	2	0	1	7	5	1	10
Datenbank	0	0	0	2	2	0	13

Tab.4: Posten der Jahrgangstufen von der Behandlung (Mehrfachauswahl möglich)

X =	1-5 Std/Jahr	6-10 Std/Jahr	11-15 Std/Jahr	16-20 Std/Jahr	über 20 Std/Jahr	keine
Datensicherheit (n=13)	9	1	0	2	0	1
Datenschutz (n=13)	6	4	1	2	0	0
Datenbank (n=13)	0	1	2	6	2	2

Tab.5: Anzahl Lehrer, die angeben, dass sie insgesamt x Stunden pro Jahr zu den Themen (in allen ihren Klassen) unterrichten

5 Forschungsdesign

Basierend auf den Tendenzen aus dieser Umfrage entwerfe ich ein Konzept zur Lehrerfortbildung. In diesem Kapitel erörtere ich die Strategie meiner Fortbildungsplanung.

5.1 Szenarien von Blended Learning

Bei der Planung der Blended Learning-Szenarien für diese Lehrerfortbildung liegt der

Schwerpunkt darauf, wie durch E-Learning die für Lehrkräfte ihre geringe Chance auf Teilnahme zur Praxis-Veranstaltungen ergänzen kann. Ich stelle mir den Ablauf so vor, dass Teilnehmer für ein Halbjahr eine Fortbildung mit ca. 2 Modulen pro Monat in der Form von E-Learning und zunächst einer Praxis-Veranstaltung absolvieren. Dazu wird der Lehrplan dieser Fortbildung so strukturiert, dass der Erwerb von Kenntnissen und Ideen in die Onlinephase und der Erwerb von Fertigkeiten (z. B. Implementierung, Diskussionen im Unterricht) sowie Meinungsaustausch in der Praxisphase durchgeführt wird.

Ein Teilnehmer muss dabei nicht unbedingt in einer vorbestimmten Reihenfolge lernen, sondern kann zwischen in sich geschlossenen Modulen wählen. Dabei ist es auch ein Vorteil, dass ich die Reihenfolge in der Entwicklung der Modulangebote immer den Umständen entsprechend anpassen kann.

5.2   Entwicklung des Prototyp-Moduls „Backup für Daten und Systeme"

Ich möchte zunächst einmal anhand eines Prototyps untersuchen, ob das erwogene, modulare Blended-Learning Konzept für eine Informatiklehrerfortbildung implementiert werden kann. Außerdem möchte ich Lehrkräfte und Forscher nach ihren Meinungen zu diesem Konzept fragen, indem ich ihnen von mir entwickelte Prototypen vorstelle. Der Prototyp, an dem ich momentan als erster Bestandteil des Lernmoduls arbeite, ist ein animiertes Video mit einigen zugehörigen Aufgaben.

Die Inhalte der Datensicherheit und des Datenschutzes (z. B. Risiken, Maßnahmen, Gesetze) sind stetigem Wandel unterworfen, deshalb sollen die Materialen flexibel und einfach veränderbar gestaltet sein [KYS09]. Damit meine entwickelten Module obige Bedingung erfüllen, versuche ich dieses animierte Video mit einem Präsentationsprogramm, einer DAW[6] und einem einfachen Videoschnittprogramm zu entwickeln. Wenn im Nachhinein die Notwendigkeit der Bearbeitung oder des Hinzufügens von Inhalten im Modul besteht, ist es mit dieser Methode möglich, nur die betreffende Stelle des Materials, also den veränderten Ton, das neue Bild oder beides, auszuwechseln.

5.3   Evaluation und Verbesserung mit dem Design-Based Research

Es ist allgemein bekannt, dass ein großer Prozentsatz der Teilnehmer von E-Learning-Programmen aufgibt. Daher sollen die angebotenen Lerninhalte eine möglichst hohe Motivation aufrechterhalten [Ta05]. Deshalb ist „Quality Design" ein bedeutender Aspekt der Durchführung der E-Learning-Projekte [Ah14]. Ebenfalls ist die Evaluation das Lerneffektes und die daraus resultierenden Anpassungen der Inhalte für Online-Lernmaterialien sehr wichtig, um die Nützlichkeit für die Teilnehmer zu optimieren [Sh12].

Da sichtbare Lerneffekte in der aktuellen Lehrerfortbildung durch einen Methodenwechsel zum E-Learning nicht gefährdet werden dürfen, soll bei der Entwicklung der Materialien besonders auf die Lehreffektivität geachtet werden.

---

[6] Die DAW ist Digitalen Audio Workstation (Software), und mit dies kann man den Ton Aufnahmen.

Deshalb wiederhole ich in meiner Arbeit mehrmals nach der Methode des Design Based Research [DRC03] die Evaluierung und Verbesserung meiner Lehrerfortbildung.

6 Fazit und Ausblick

In diesem Beitrag habe ich eine Umfrage zu Lehrerfortbildungen im Bereich der Informatik als Grundlage für die Planung eines Blended Learning-Angebots vorgestellt.

Ich werde mit dem aktuellen Prototyp-Modul (s. o.) den Entwicklungsprozess und die Nutzbarkeit für eine Lehrerfortbildung zum Informatikunterricht überprüfen. Anschließend versuche ich mit dem Angebot meiner Fortbildung zu beginnen. Bei der Entwicklung des Prototyps habe ich festgestellt, dass bei Lerninhalten, für die bei der persönlichen Präsentation mit begleitenden Folien rund 20 Minuten eingeplant wurden, ein animiertes Video mit einer Dauer von 11 Minuten für den gleichen Inhalt ausgereicht hat. Ich denke, dass mit dem Einsatz und der Darstellung von Animationen die Entropie der Information ansteigen wird, daher könnten die Lerninhalte, ohne Reduzierung des Informationsgehaltes, komprimierter wiedergegeben werden. Diese Hypothese des Verkürzungseffektes möchte ich auch weitergehend untersuchen, indem ich einige Folien für die Vorlesung der Fachinformatik auch zur Video-Animation überarbeite.

Die Kapazitäten zum Anfertigen von Material sind in dem Projekt begrenzt. Ich bemühe mich aber bei meiner Forschung letztendlich auch nutzbare Materialien für konkrete Lehrerfortbildungen anzubieten. Denkbar ist auch die Nutzung vorhandener Materialien. Ich werde dabei während des Prozesses gewonnene Ideen und Erkenntnisse einfließen lassen.

Daher arbeite ich so, dass ich die von mir in diesem Projekt entwickelten Materialien verfügbar mache, damit jeder Lehrer die Möglichkeit hat, diese zum Lernen oder Unterrichten frei zu nutzen und mir eine Rückmeldung zu geben. Daher würde ich mich freuen, wenn Sie mich über neue Materialien, Verbesserungsvorschläge oder inhaltliche Wünsche unterrichten würden und mich so bei diesem Fortbildungsprojekt unterstützen könnten.

Literaturverzeichnis

[Ah14] Ahmed, M. F. Y et.al.: What Drives a Successful MOOC? An Empirical Examination of Criteria to Assure Design Quality of MOOCs, IEEE 14th International Conference on Advanced Learning Technologies, 2014.

[BW12] Braun, W.: Informatik an beruflichen Gymnasien Eingangsklasse, S.62, 2012.

[DRC03] The Design-Based Research Collective: Design-Based Research: An Emerging Paradigm for Educational Inquiry, Educational Researcher Vol.32 No.1, S.5-8, 2003.

[EM06] Eckart, M.: Ein Konzept zur Informatiklehrerqualifikation in Niedersachsen, S.2, 2006.

[FN16] Fortbildung NRW, Bildungsportal des Landes Nordrhein-Westfalen, www.lehrerfortbildung.schulministerium.nrw.de/Fortbildung/, Stand: 19.3.2016.

[Ke13]   Kerres, M.: Mediendidaktik – Konzeption und Entwicklung mediengestützter Lernangebote 4.Auflage, 2013.

[KYS09]   Kawakami, M.; Yasuda, H.; Sasaki R.: Development of an e-Learning Content-Making System for Information Security (ELSEC), Computer Security Symposium 2009, S. 1-6, Toyama (Japan), 2009.

[KI15]   Kernlehrplan für die Realschule in Nordrhein-Westfalen, Wahlpflichtfach Informatik, 2015.

[Lo11]   Long, F Y et.al.: The CERT Oracle Secure Coding Standard for Java, 2011

[Oi01]   Oiwa, H. et.al.: Jyo-houka kyouikuhou (Didaktik der Schulinformatik), S.60, 2001.

[Se14]   Seitz, J.: Black Hat Python: Python Programming for hackers and Pentesters, 2014.

[Sh12]   Shinoda, Y. et.al.: Feedback Strategy of the Learners' Questions for Refinement of the e-Learning Course , IPSJ SIG Technical Report Vol 2012-IS-121 No.9, S. 1-6, 2012.

[Ta05]   Takahama, S. et.al.: An E-learning System for Improving Learner Study Efficiency by Stimulating Learner Volition, 11th International Conference on Parallel and Distributed Systems Workshops Vol. 1, S. 237 - 243, 2005.

[VL16]   Virtuellen Lehrerweiterbildung Informatik in Niedersachsen (VLIN), vlin.de/ Stand: 19.3.2016.

Ich bedanke mich bei den Lehrkräften für die Unterstützung in dieser Umfrage und bei den Kollegen, Studenten, und allen anderen Helfern für die Unterstützung meiner Forschung.